우리 아기를 위한
심플한 손뜨개 옷

일본보그사 지음 ㅣ 이은옥 옮김

BM 황금부엉이

Contents

0~12개월
태어나서 일어설 때까지 ··· 4

베이비 드레스 · 보닛 · 손싸개 · 양말
0~4개월   5

방한용 속옷 · 보닛
0~6개월   6

방한용 속옷
0~6개월   7

방한용 속옷
0~6개월   8

방한용 속옷
0~6개월   9

속싸개
3개월~   10

방한용 속옷
3~8개월   11

롬퍼스
6~12개월   12

베스트 & 슈즈
6~12개월   13

색 코트
6~12개월   14

판초
6~12개월   15

이 책의 작품에 사용된 실 목록 ··· 34
how to make ··· 36

12~24개월

걸음마를 하는 순간부터 ··· 16

점퍼스커트 & 팬츠
12~18개월 17

베스트 & 모자
12~18개월 18

베스트 & 레그 워머
12~18개월 19

튜닉 베스트
18~24개월 20

베스트
18~24개월 22

점퍼스커트 & 볼레로
18~24개월 25

카디건
18~24개월 26

모티브 카디건
18~24개월 27

후드 더플코트 & 팬츠
18~24개월 28

케이프
18~24개월 30

케이프
18~24개월 31

재킷
18~24개월 32

대바늘 & 코바늘
태어나서 일어설 때까지 0~12개월

배 속에 있는 아기는
엄마가 얼마나 자신을 생각하는지 알 수 있답니다.
새로운 가족을 맞이할 엄마는 이것저것 준비하느라 바쁘겠지만,
아기는 '엄마가 조금도 나를 봐주지 않네'라며 서운해 할지도 몰라요.
느긋하게 소파에 앉아서
배 속 아기의 숨결에 가만히 귀기울이며 바늘을 움직여 보세요.
그런 순간을 즐기는 것이
'멋진 태교'일지 모릅니다.

 베이비 드레스·보닛·손싸개·양말
0~4개월

심플한 구멍무늬에
레이시한 가장자리뜨기를 한
청초한 드레스와 보닛.
한겨울에 외출할 때는
손싸개와 양말이 있어야 마음이 놓이죠.
양말은 코바늘로
한길긴뜨기를 빙 돌리면서 떴어요.

how to make p.36

디자인 • 가와지 유미코
제작 • 시라카와 가오루
실 • 하마나카 큐피드

방한용 속옷·보닛
0~6개월

작은 별을 여기저기 박아놓은 바탕무늬에
가장자리뜨기의 피코가 사랑스러워요.
퇴원하는 날이나 첫 이렛날(일본에서는 태어나서
칠일째 되는 밤에 아기의 건강과 성장을 바라며
축하해줍니다)에 우주복 위에 입히는
소박한 축하복으로 어떠세요?
오가닉 면사를 사용해 촉감이 부드럽습니다.

how to make p.48

디자인 • 오카모토 게이코
제작 • 요코다 치에
실 • 하마나카 포므(광물 염색)

03 방한용 속옷
0~6개월

튜닉처럼 약간 긴 기장.
자연스런 배색.
맨 아래쪽은 코바늘뜨기의
꽃 모티브 장식으로
세련되게 마무리했습니다.
오늘은 누가 축하해주러 올까요?

how to make p.56

디자인 • 가와지 유미코
실 • 하마나카 귀여운 아기

방한용 속옷
0~6개월

구멍이 송송 뚫린
코바늘뜨기의 구멍무늬가 독특합니다.
두 겹으로 뜬 꽃 모티브를 달면
로맨틱하게 바뀌어요.
모티브 없이 마무리하면
남자아이에게도 잘 어울립니다.

how to make p.62

디자인 • 가와지 유미코
실 • 하마나카 오가닉 울 필드

05 방한용 속옷
0~6개월

물결치는 듯한 지그재그무늬는
대바늘뜨기의 겉뜨기와 안뜨기로
표현했습니다.
두껍지 않고 심플해서
어디에도 어울리고,
매일 입을 수 있는 실용적인 아이템입니다.

how to make p.68

디자인 • 오카모토 게이코
제작 • 요코다 치에
실 • 하마나카 오가닉 울 필드

 06 속싸개

3개월~

모눈뜨기 모티브를
다른 색 실로 연결해서
패치워크를 만들었어요.
낮잠을 잘 때는 물론
유모차로 외출할 때도
가져가고 싶네요.

how to make p.74

디자인 • 가와지 유미코
제작 • 니시무라 구미
실 • 하마나카 오가닉 울 필드

07 방한용 속옷
3~8개월

속싸개와 세트로
방한용 속옷을 만들었습니다.
모눈뜨기에 떠 넣은
동그란 구슬무늬가 귀엽습니다.
가벼워서 오랫동안
입을 수 있습니다.

how to make p.78

디자인 • 가와지 유미코
제작 • 니시무라 구미
실 • 하마나카 오가닉 울 필드

 롬퍼스

6~12개월

활발하게 움직이기 시작하는 시기에는
기저귀 교체하기도 쉽고 배도 드러나지 않는 롬퍼스가 편리합니다.
어깨끈의 꽈배기무늬가 포인트인 심플한 디자인이라
남자아이나 여자아이 모두에게 잘 어울립니다.

how to make p.84

디자인 • michiyo
제작 • 노나미 에미코
실 • 하마나카 귀여운 아기

 베스트 & 슈즈

6~12개월

점퍼스커트 같은 더블 단추가 포인트입니다.
단추가 가슴보다 높은 위치에 달려 있어서 아기가 앉기 편해요.
기어 다니는 아기도 발놀림을 편하게 할 수 있어서
아주 편리합니다.
빡빡하게 뜬 슈즈도 같이 신기면 좋아요.

how to make p.90

디자인 • michiyo
실 • 하마나카 포므(광물 염색)

10 색 코트

유아용으로 길이가 짧은 풍성한 느낌의 윗옷

6~12개월

메리야스뜨기와 1코 고무뜨기로 뜬 심플한 뜨개지에 큰 방울로 악센트를 주었어요.
디자인이 소박하고 실의 감촉이 부드러워서 착용감이 좋아요.
목둘레에 가장자리뜨기가 없어서 만들기 쉽습니다.

how to make p.96

디자인 • michiyo

실 • 하마나카 소노모노 알파카 울(병태)

 **판초**
6~12개월

어깨에 살짝 걸치면 온 몸을 감싸주는
판초는 유모차로 외출할 때도
좋습니다.
큰 꽈배기무늬를 가로로 넣은
대담한 디자인과
트렌디함이 가득한 뒷모습에
누구라도 압도당할 것 같네요.

how to make p.102

디자인 • michiyo
제작 • 이이지마 유코
실 • 하마나카 소프티 트위드

대바늘 & 코바늘
걸음마를 하는 순간부터 12~24개월

자기만의 시간을 가질 수 없어서 한숨 쉬는 신참 엄마.
하지만 한순간도 눈을 뗄 수 없는 작은 천사와 지내는 시간은 무엇과도 바꿀 수 없는 소중한 보물입니다.
점점 자라는 아기를 보호하면서, 엄마도 서서히 진짜 엄마가 되어갑니다.

18개월

12 13 점퍼스커트 & 팬츠
12~18개월

코바늘뜨기의 레이스무늬가 섬세한
오가닉 코튼으로 뜬 세트입니다.
여자아이의 사랑스러움을 끌어낸 핑크빛도,
달콤함을 누른 고급스런 어스 컬러(earth color)도
멋집니다.
요크에서 아래로 내린 스커트는
길이를 조절할 수 있습니다.

12개월

how to make p.108

디자인 • 가와지 유미코
제작 • 니시무라 구미
실 • 하마나카 포므(광물 염색)

14 베스트 & 모자
12~18개월

밑단을 가터뜨기로 떠서
부드러운 느낌입니다.
단추가 높은 곳에 달려서
일어서고 앉기 바쁜 아기들이
움직이기 쉽습니다.
세트로 모자까지 있다면
찬바람이 불어도 거뜬합니다.

how to make p.118

디자인 • 오카모토 게이코
제작 • 고지마 후미에
실 • 하마나카 귀여운 아기

베스트 & 레그 워머

12~18개월

따뜻한 햇살 같은
배색 니트로
마음까지 따뜻해집니다.
베스트 밑단의 꽃 모티브는
세트로 뜬 레그 워머의
원 포인트로도 사용했어요.
레그 워머는 대바늘을 사용해
원통으로 떴습니다.

how to make p.124

디자인 • 가와지 유미코
실 • 하마나카 큐피드

24개월

 튜닉 베스트

18~24개월

어른 옷의 디자인을 그대로 사용해 약간 조숙한 느낌이에요.
염료를 사용하지 않은 자연 그대로인 촉감의 실로 만들었습니다.
밑단에서 증감 없이 떠서 요크 바로 앞에서 코를 줄이면 풍성하고 귀여운 실루엣이 완성됩니다.
목둘레, 진동둘레도 안면에서 빼뜨기만 하면 간단하게 마무리할 수 있어요.

how to make p.129

디자인 • michiyo
제작 • 이이지마 유코
실 • 하마나카 소노모노(합태)

18개월

18 19 베스트
18~24개월

메리야스뜨기에 멍석뜨기로 포인트를 준 심플함.
세련된 엄마도 좋아하는 디자인이죠.
선물하면 받는 사람도 좋아할 거예요.
밑단의 멍석뜨기부터 시작해
앞단도 몸판과 같이 떠서 마무리하기 쉬워요.
단추도 장식 없는 심플한 것으로 선택하세요.

how to make p.134

디자인 • 가제코보
실 • 하마나카 큐피드

점퍼스커트 & 볼레로
18~24개월

격식을 차려야 하는 자리에는
시크하면서 깜찍한 디자인이 어울립니다.
고상한 구멍무늬의 볼레로는
꽃무늬 원피스 등에 걸쳐 입으면 좋아요.
점퍼스커트는
밑단에서 증감 없이 뜨고
요크의 절개선에서 코를 줄이기만 하면
하늘하늘하고 귀여운 실루엣이 됩니다.

how to make p.138

디자인 • 가와지 유미코
제작 • 우에다 스즈
실 • 하마나카 오가닉 울 필드

 **21 카디건**

18~24개월

코바늘로 정성스럽게 만든 깔끔한 디자인의 카디건.
목둘레와 앞단에는 그물뜨기로 레이스를 만들고,
앞가슴에는 작은 꽃 모티브를 만들어
진주비즈로 고정시켰습니다.

how to make p.148

디자인 • 쓰지 도모코
실 • 하마나카 포므 크로셰(초목 염색)

모티브 카디건

18~24개월

가운데에 꽃을 피운
네모 모티브를 연결하면
마치 눈 결정체가 흩날리는 것 같아요.
소매도 섬세한 레이스무늬로
마무리하면 복고풍의
사랑스러운 니트가 완성됩니다.

how to make p.155

디자인 • 가와지 유미코
제작 • 우에다 스즈
실 • 하마나카 소노모노(합태)

 ## 후드 더플코트 & 팬츠
18~24개월

멋진 토글과 두꺼운 꽈배기무늬가
세련된 더플코트.
팬츠도 떠서 세트로 만들어보세요.
남자아이, 여자아이 모두에게 잘 어울립니다.
앞단은 따로 뜨지 않고
몸판에 이어서 겉뜨기와 안뜨기로 줄무늬를 만들고,
이 줄무늬에서 코를 주워 후드를 뜹니다.

how to make p.160

디자인 • michiyo
제작 • 노나미 에미코
실 • 하마나카 귀여운 아기

 **케이프**
18~24개월

수줍은 핑크빛,
밑단에는 방울을,
끈자락에는 꽃 모티브를 달아요.
여자아이가 좋아하는 디테일이 가득한
케이프랍니다.
목부터 코를 잡아 늘리면서
부채꼴 모양을 만들어갑니다.

how to make p.168

디자인 • 하라다 사요코
실 • 하마나카 귀여운 아기

25 케이프
18~24개월

폭신폭신한 촉감에 자꾸만 손이 가죠.
마음에 드는 옷을 입은 날에는
아직 어리지만 어엿한 숙녀가 된 기분이에요.
부드러운 부클레얀으로 만들어 밑단의 구멍무늬도,
목둘레의 가장자리뜨기도 우아해 보여요.

how to make p.172

디자인 · 가와이 마유미
제작 · 호리구치 미유키
실 · 하마나카 루프

 **재킷**
18~24개월

포인트로 방울을 달아
캐주얼하게 마무리했습니다.
내추럴한 베이지도 귀엽지만,
겨울에 입는 적갈색도 멋집니다.
몸판과 같이 뜬 앞단에는
컨트리 스타일의 단추를 달았어요.
래글런(raglen) 소매여서 활동하기도 편하죠.
이 겨울, 엄마도 아기도 마음에 드는 옷이 될 거예요.

how to make p.176

디자인 • michiyo
제작 • 이이지마 유코
실 • 하마나카 개구쟁이 데니스

이 책의 작품에 사용된 실 목록

사진은 실물 크기

	실 이름	품질	색상 수	용량	길이	실 타입	바늘 호수	표준 게이지 메리야스뜨기 (1길긴뜨기)
1	하마나카 큐피드	울 100% (반테안 가공)	10	40g	약 160m	합태	대바늘 3mm 코바늘 3/0호	24코 · 30단 (25코 · 10단)
2	하마나카 귀여운 아기	아크릴 60% 울(메리노울 40%)	15	40g	약 105m	병태	대바늘 3.5~4mm 코바늘 5/0호	20~21코 · 25~26단 (19코 · 8.5단)
3	하마나카 개구쟁이 데니스	아크릴 70% 울 30%(방축가공 울 사용)	33	50g	약 120m	병태	대바늘 4mm 코바늘 5/0호	19코 · 26단 (20코 · 9단)
4	하마나카 포므(광물 염색)	면 100% (퓨어 오가닉 코튼)	5	25g	약 70m	병태	대바늘 3.5~4mm 코바늘 5/0호	22~23코 · 28~29단 (20코 · 9단)
5	하마나카 포므 크로셰	면 100% (퓨어 오가닉 코튼)	6	25g	약 107m	중세	대바늘 3mm 코바늘 3/0호	22~23코 · 28~29단 (25코 · 10단)
6	하마나카 오가닉 울 필드	울 100% (오가닉 울 사용)	17	40g	약 120m	병태	대바늘 3.5~4mm 코바늘 5/0호	28~29코 · 34~35단 (21코 · 10단)
7	하마나카 소프티 트위드	울 80% 알파카 20%	11	40g	약 95m	병태	대바늘 4mm 코바늘 6/0호	19~20코 · 23~24단 (18코 · 8단)
8	하마나카 소노모노(합태)	울 100%	5	40g	약 120m	합태	대바늘 3~3.5mm 코바늘 4/0호	23~24코 · 31~32단 (23코 · 11단)
9	하마나카 소노모노 알파카 울(병태)	울 60% 알파카 40%	5	40g	약 92m	병태	대바늘 4~4.5mm 코바늘 6/0호	21~22코 · 26~27단 (19코 · 8.5단)
10	하마나카 루플	아크릴 34% 울 25% 모헤어 25% 나일론 16%	8	40g	약 112m	병태	대바늘 4~4.5mm 코바늘 6/0호	17~18코 · 25~26단 (16코 · 8단)

※사용한 실은 2009년의 것으로, 없는 번호가 있을 가능성이 있다는 점 양해 바랍니다.

- **참고 사이즈 :** 니트를 뜰 때 참고하세요.

개월 수	0개월	3개월	6개월	12개월	18개월	24개월
신장	50cm	60cm	70cm	75cm	80cm	90cm
체중	3kg	6kg	9kg	10kg	11kg	13kg

- 이 책에 게재된 작품은 모두 하마나카 수예 뜨개실로 만들었고, 하마나카 아미아미 뜨개바늘, 아미아미 양쪽 코바늘을 사용했습니다.
- 이 책에 게재된 작품은 제작해서 판매(매장, 인터넷 등)하면 안 됩니다. 즐겁게 만드는 데만 참고해주세요.

01 베이비 드레스·보닛·손싸개·양말

0~4개월

PHOTO p.5

준비물	**실** 하마나카 큐피드(합태사) 백아이보리(6) [드레스 200g, 보닛 30g, 손싸개·양말 각 20g] 270g/7볼 **바늘** 대바늘 3mm, 코바늘 3/0호·4/0호 **부자재** 지름 8mm 단추 5개, 스냅단추(소) 9개
완성 치수	**드레스** 가슴둘레 53.5cm, 어깨너비 20cm, 기장 51cm, 소매길이 21cm **보닛** 얼굴 둘레 37cm, 깊이 13cm **손싸개·양말** 그림 참조
게이지	가로세로 10cm 무늬뜨기A 25코×31단, 무늬뜨기B 4무늬×16.5단, 1길긴뜨기 27코×10단(양말), 메리야스뜨기 25코×34단(손싸개)
뜨는 방법 포인트	**드레스** 스커트는 일반코잡기로 코를 잡아서 무늬뜨기A를 뜹니다. 86단에서 그림과 같이 왼코겹치기로 코를 줄이고 87단에서 덮어씌우기로 코막음을 합니다. 몸판은 스커트에서 코를 주워서 뜨고, 어깨는 쉼코로 둡니다. 소매도 일반코잡기로 코를 잡고 뜹니다. **마무리** 어깨는 겉끼리 맞대어 빼뜨기 잇기를 하고, 옆선과 소매 옆선은 떠서 꿰매기를 합니다. 밑단과 소맷부리는 코를 주워서 무늬뜨기B로 그림과 같이 뜹니다. 그다음 앞단·칼라 순으로 뜨고, 코바늘을 사용해서 몸판에 소매를 빼뜨기로 꿰맵니다.

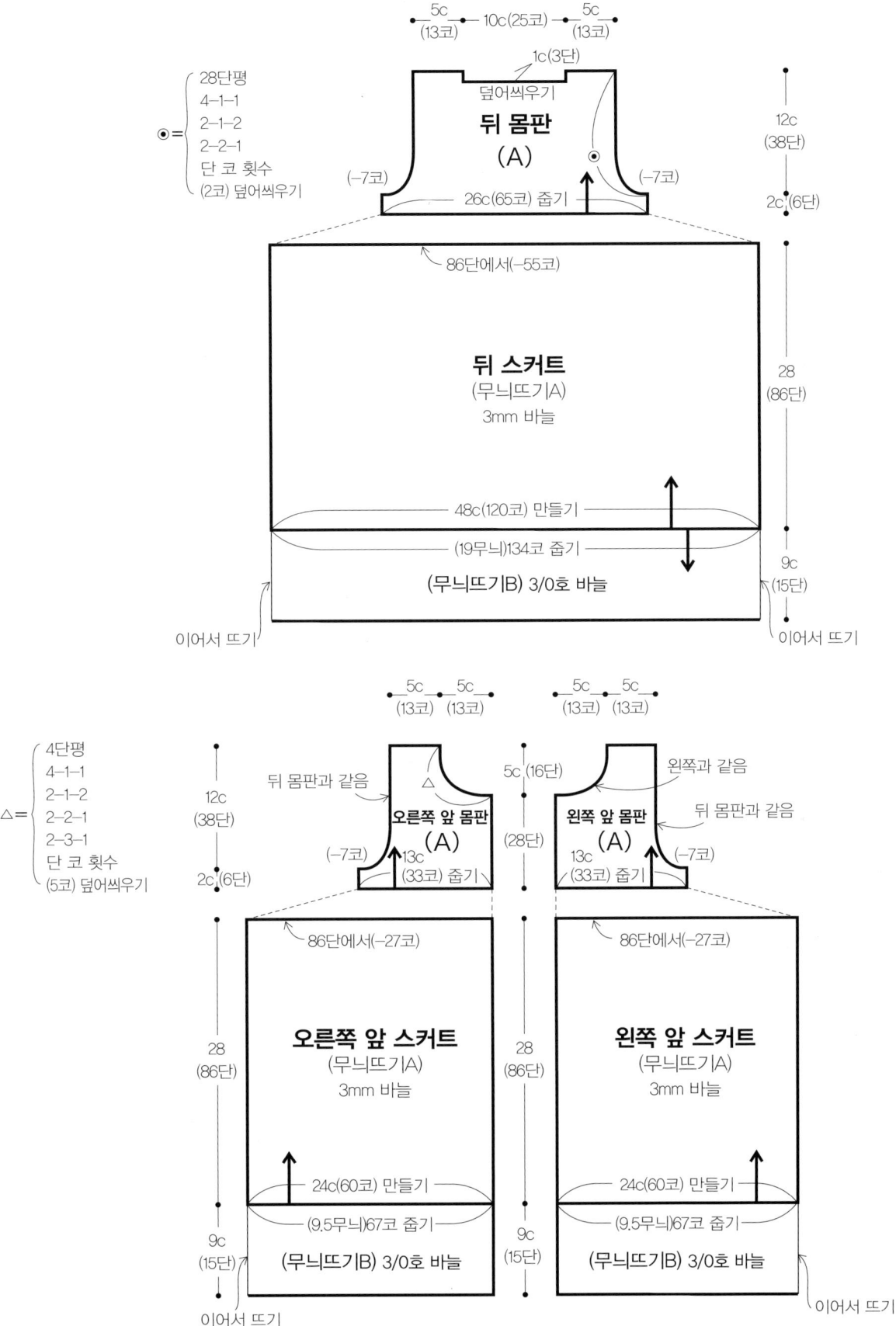

무늬뜨기A

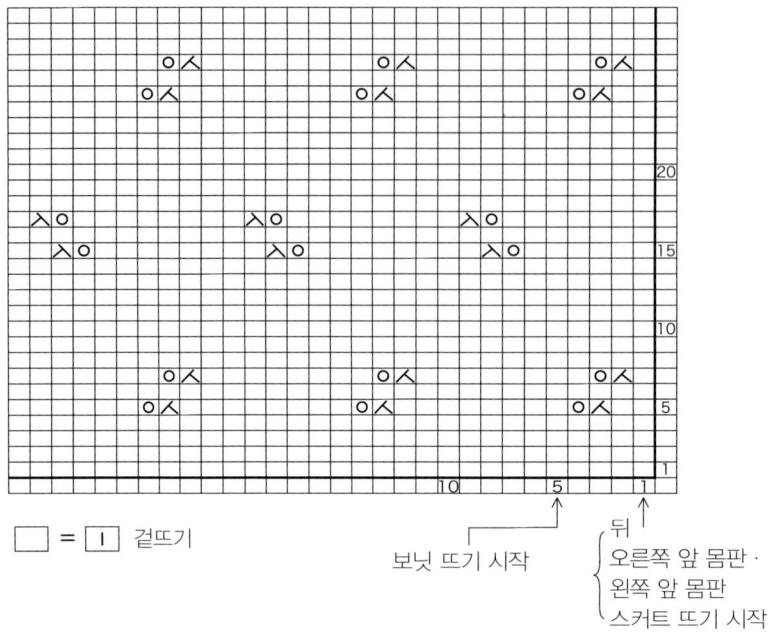

□ = ﹝ㅣ﹞ 겉뜨기

보닛 뜨기 시작

뒤
오른쪽 앞 몸판·
왼쪽 앞 몸판
스커트 뜨기 시작

무늬뜨기B

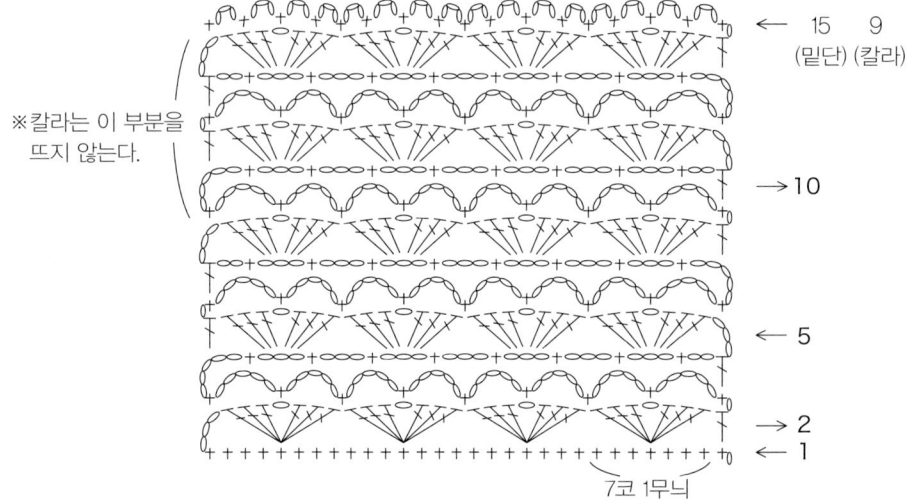

※칼라는 이 부분을 뜨지 않는다.

15   9
(밑단) (칼라)

7코 1무늬

◯ 이어서

바늘비우기와 오른코 겹치기

ㅅ ○ 오른쪽 바늘에 실을 걸어 바늘비우기를 하고 1번째 코를 오른쪽 바늘로 옮겨준다.

①

②

2번째 코를 뜬다.

③

옮긴 코를 덮어씌운다.

④

왼코 겹치기와 바늘비우기

○ ㅅ

①

왼쪽 2코에 오른쪽 바늘을 넣는다.

②

2코를 한 번에 뜬다.

③

④

오른쪽 바늘에 실을 걸어서 바늘비우기를 한다.

뒤 몸판

□ = ▯ 겉뜨기 ● = 짧은뜨기 코 줍는 위치

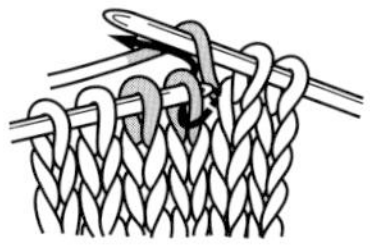

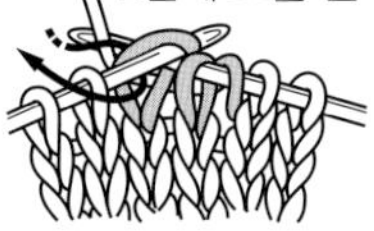

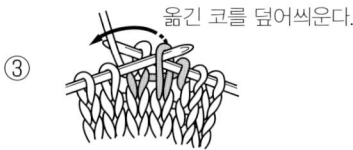

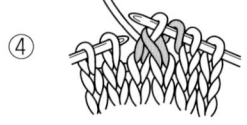

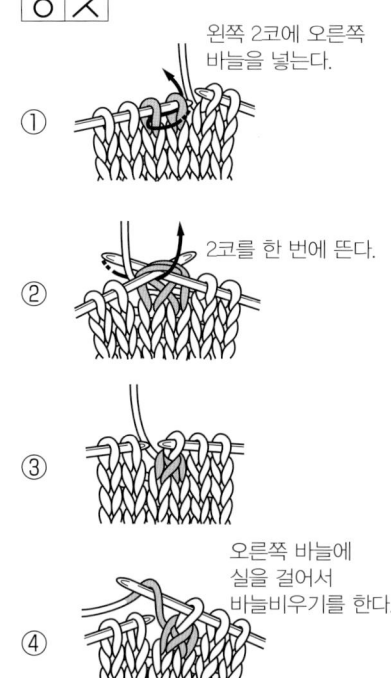

다음 장에 이어서

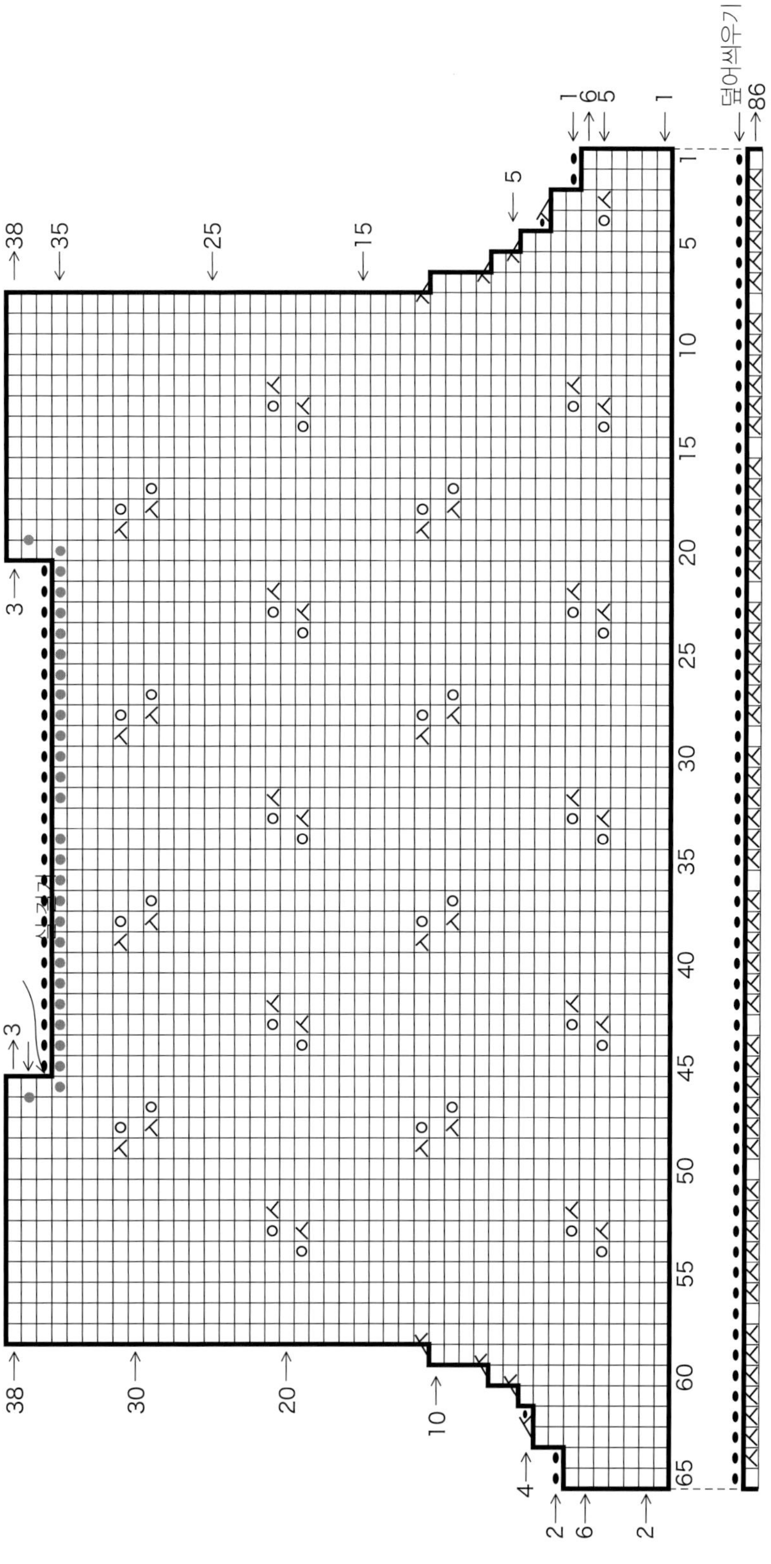

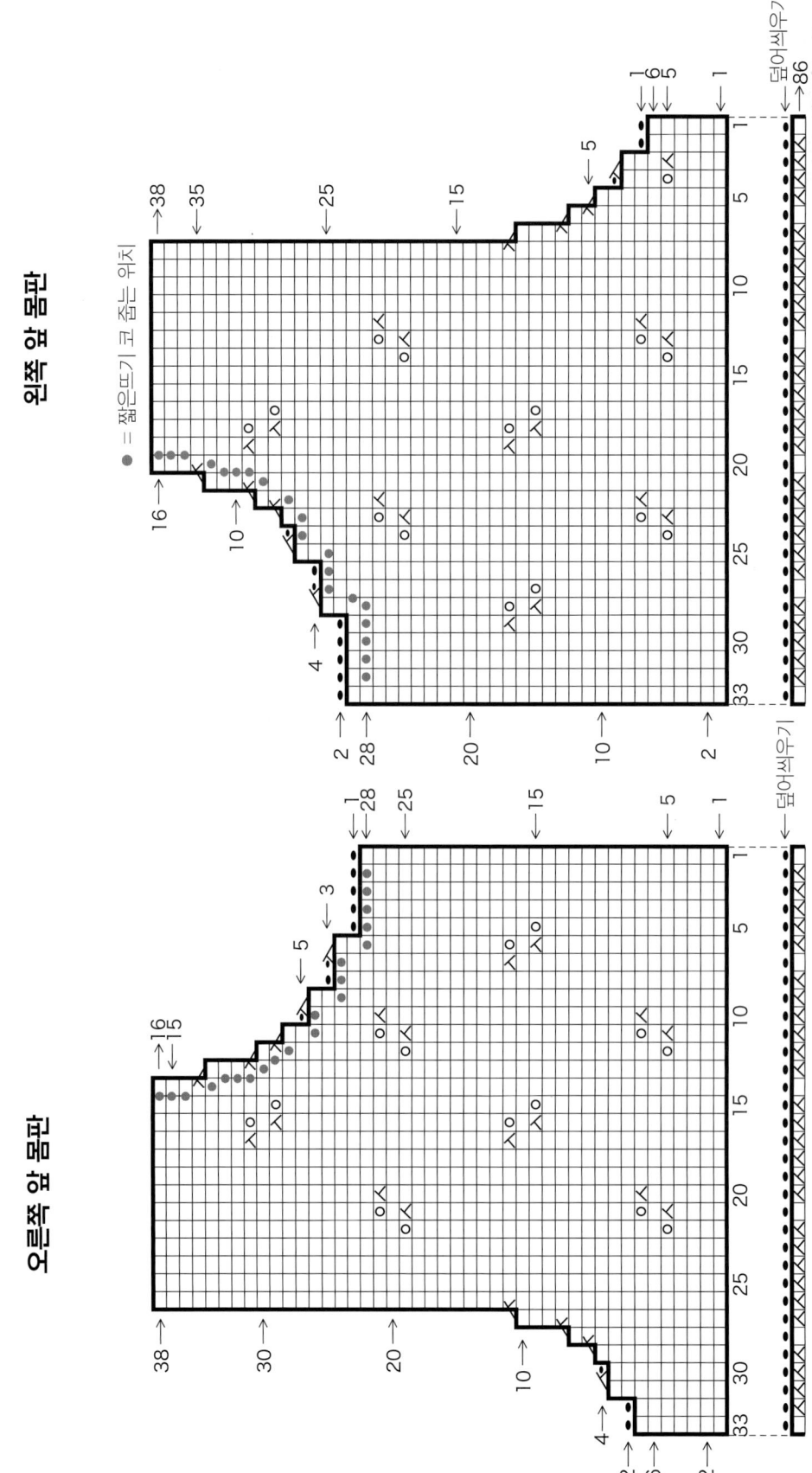

돌려뜨기로 코 늘리기

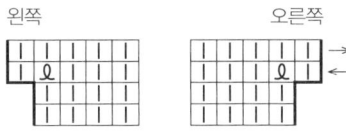

왼쪽

①
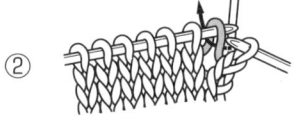
②
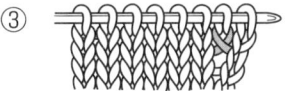
③

오른쪽

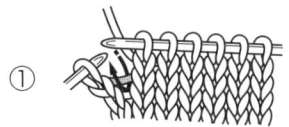
①

②

③

소매 3mm 바늘

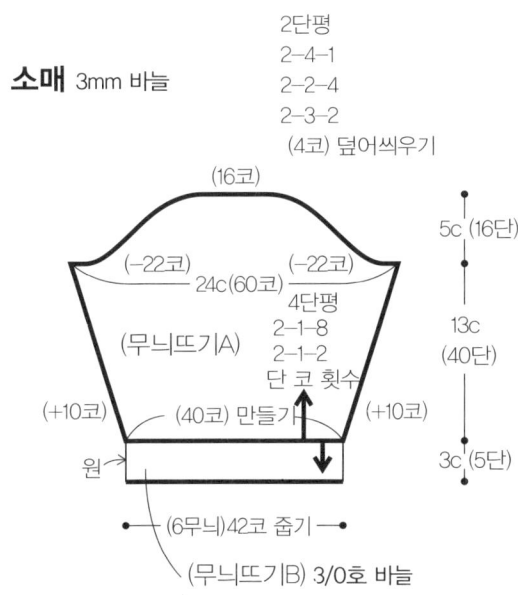

무늬뜨기B (소맷부리)

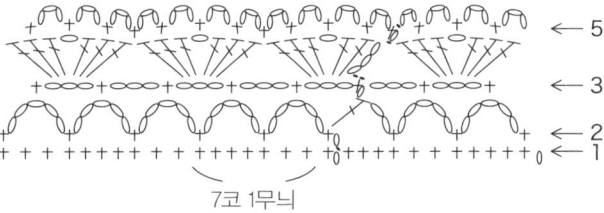

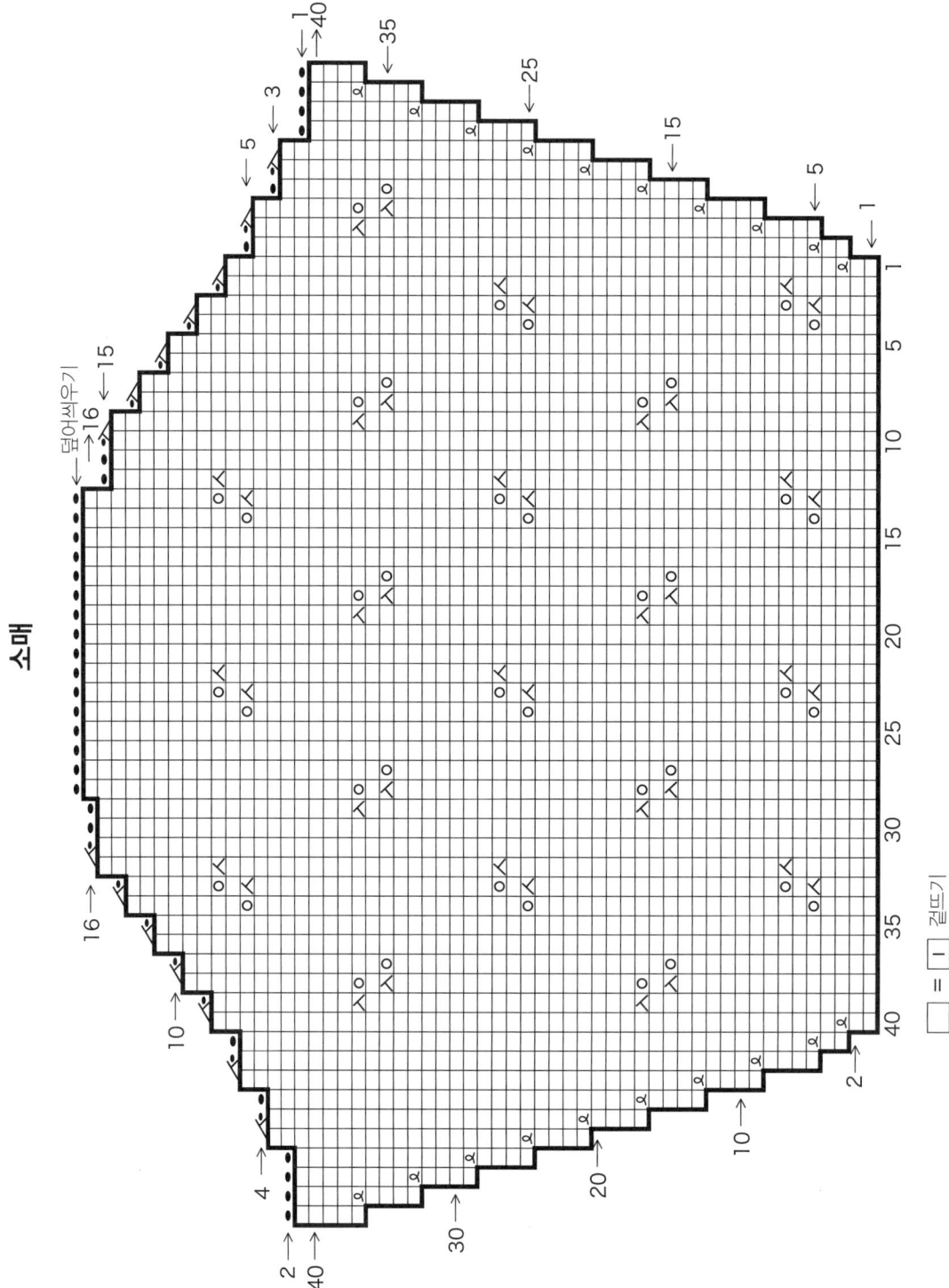

앞단(가장자리뜨기A)・칼라(무늬뜨기B)

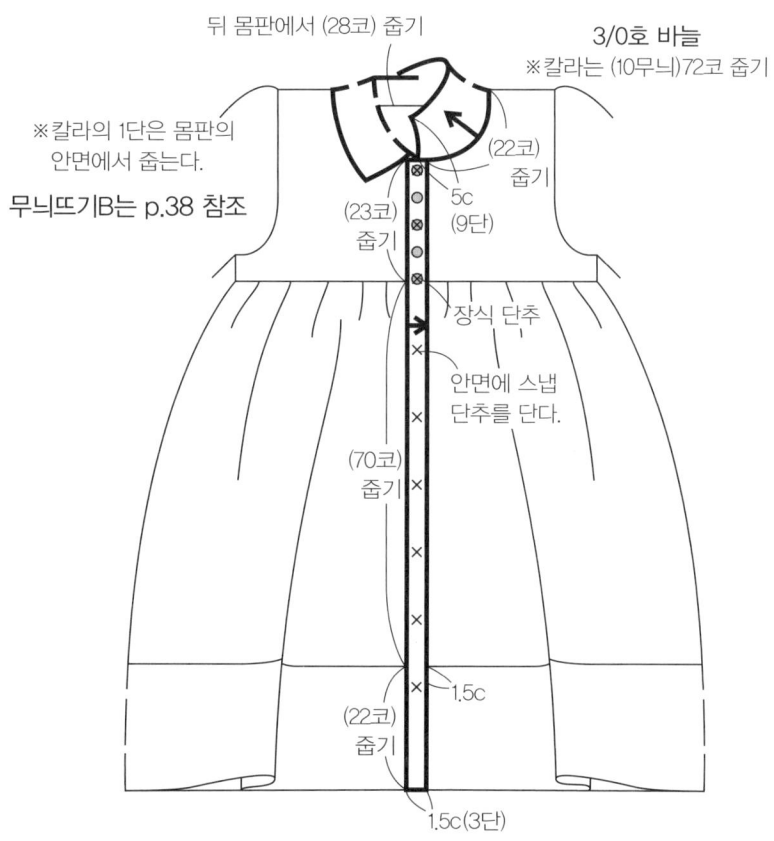

가장자리뜨기A(앞단)

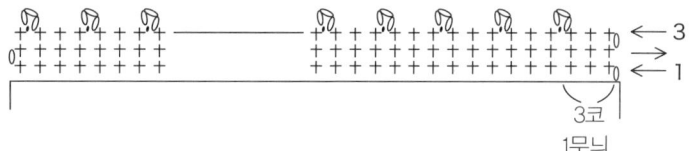

보닛

드레스와 같은 방법으로 코를 잡고 무늬뜨기A를 뜹니다. 28단까지 뜨면 왼쪽, 오른쪽 30코씩을 쉼코로 둡니다. 가운데 26코를 38단 뜨고 덮어씌우기로 코막음을 합니다. 그다음 쉼코와 38단을 코와 단 잇기를 하고, 목둘레를 가장자리뜨기B로, 모자 입구는 무늬뜨기B로 뜹니다. 끈을 목둘레에 끼웁니다.

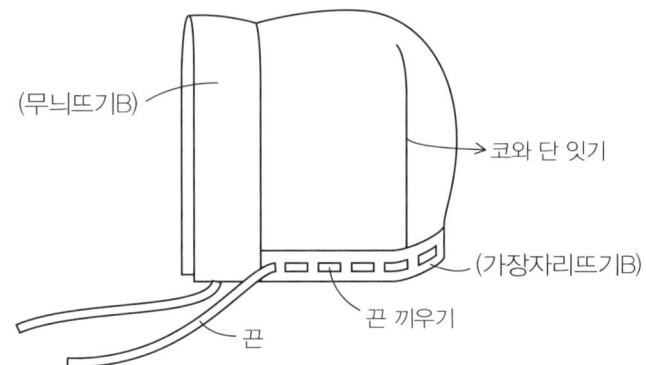

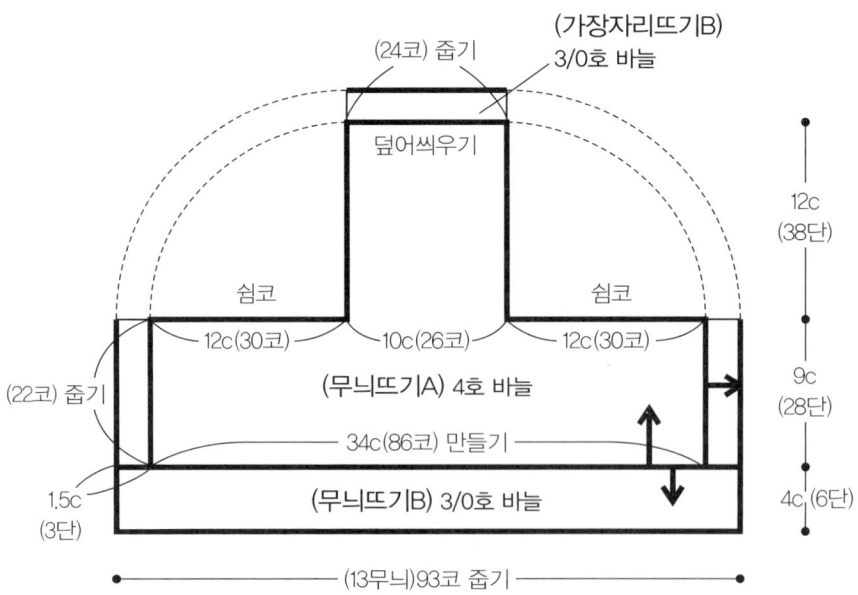

※무늬뜨기A는 p.38을 참조한다.

끈(이중 사슬뜨기) 3/0호 바늘

80c 사슬(240코) 만들기

가장자리뜨기B(목둘레)

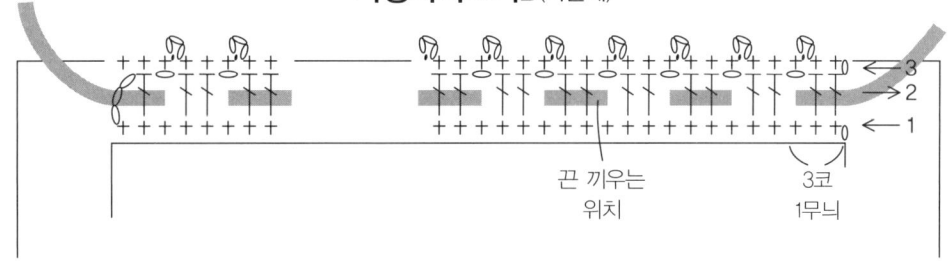

끈 끼우는 위치
3코 1무늬

무늬뜨기B(모자 입구)

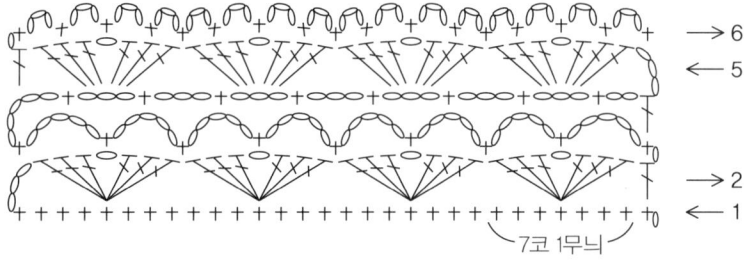

7코 1무늬

손싸개

일반코잡기로 코를 잡고 원을 만들어 원통형으로 뜹니다. 손끝은 쉼코로 두고, 돗바늘로 메리야스 잇기를 합니다. 손목은 가장자리뜨기C를 원통형으로 뜨고, 끈을 끼웁니다.

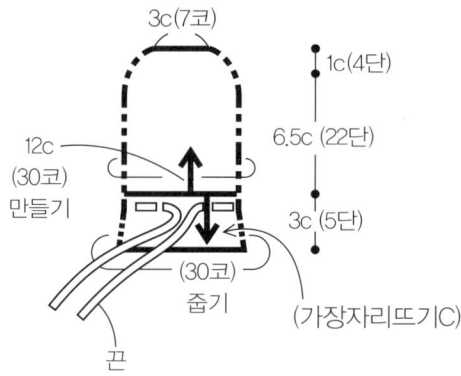

손싸개(메리야스뜨기) 3mm 바늘

끈(이중 사슬뜨기) 4/0호 바늘 2개

28c 사슬(80코) 만들기

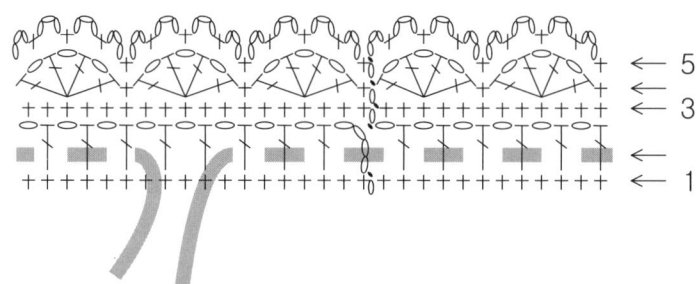

가장자리뜨기C(손목)

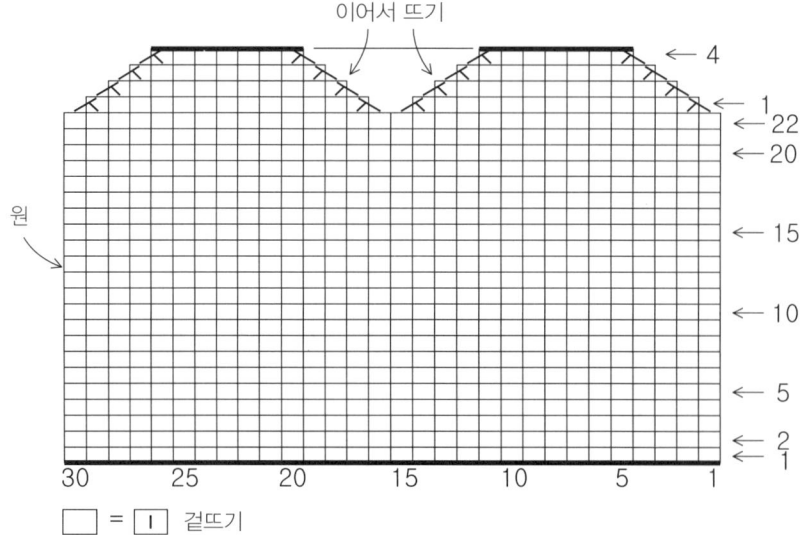

메리야스뜨기

□ = | 겉뜨기

양말

시작 사슬코를 만들고, 사슬의 뒷산을 주워 원을 만들어 원통형으로 뜹니다. 뒤꿈치는 왕복뜨기로 뜨고 늘림코 부분에 빼뜨기를 합니다. 발등은 발목의 코를 주워서 원통으로 뜨고, 마지막 단의 코는 돗바늘로 감침질을 합니다.

양말(1길긴뜨기) 4/0호 바늘

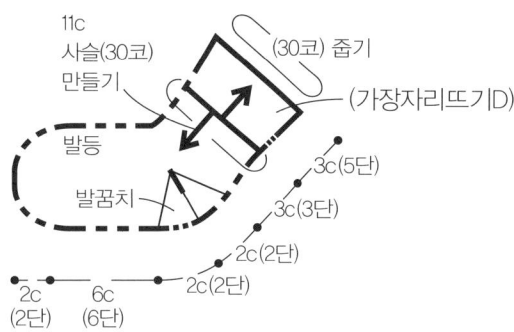

1길긴뜨기

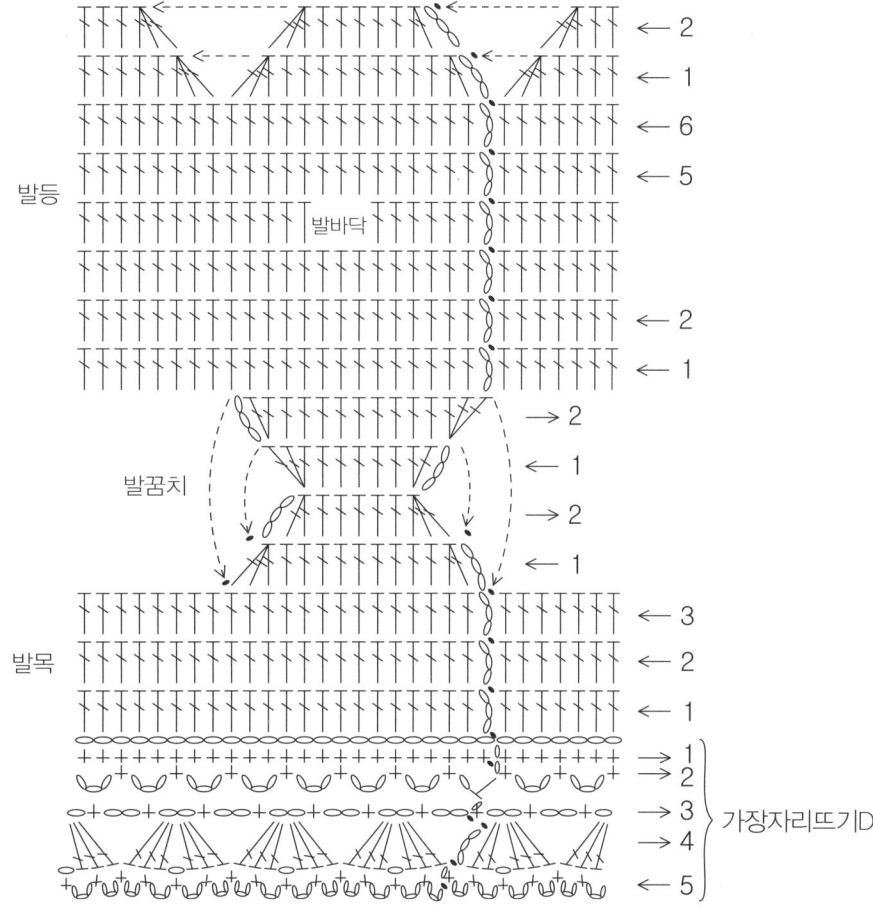

02 PHOTO p.6
방한용 속옷 · 보닛
0~6개월

준비물	**실** 하마나카 포므(광물 염색)(병태사) 프로방스 옐로우(41) [방한용 속옷 100g, 보닛 40g] 140g/6볼 **바늘** 대바늘 3.5mm, 코바늘 5/0호 · 7/0호
완성 치수	**방한용 속옷** 가슴둘레 58cm, 어깨너비 23cm, 기장 28.5cm **보닛** 얼굴 둘레 37cm, 깊이 12.5cm
게이지	가로세로 10cm 무늬뜨기A 25코×37단, 무늬뜨기B 25코×35단
뜨는 방법 포인트	**방한용 속옷** 일반코잡기로 코를 잡아서 무늬뜨기A로 22단 뜨고, 무늬뜨기B로 바꿔서 뜹니다. 앞 몸판은 대칭으로 2장 뜹니다. **마무리** 어깨는 덮어씌우기 잇기, 옆선은 떠서 꿰매기를 합니다. 그다음 앞단·목둘레는 가장자리뜨기A, 밑단은 가장자리뜨기B로 이어서 2단 뜹니다. 진동둘레는 가장자리뜨기A를 원통으로 뜨고, 지정된 위치에 끈을 답니다. **보닛** 방한용 속옷과 같은 방법으로 코를 잡습니다. 무늬뜨기A로 14단, 무늬뜨기B로 26단을 뜨면 왼쪽과 오른쪽 28코씩을 쉼코로 둡니다. 가운데 30코를 38단 뜨고, 덮어씌우기로 코막음을 한 후 쉼코와 38단을 코와 단 잇기를 합니다. 모자 입구를 가장자리뜨기A로, 목둘레를 가장자리뜨기C로 뜨고, 끈을 목둘레의 가장자리뜨기C에 끼웁니다.

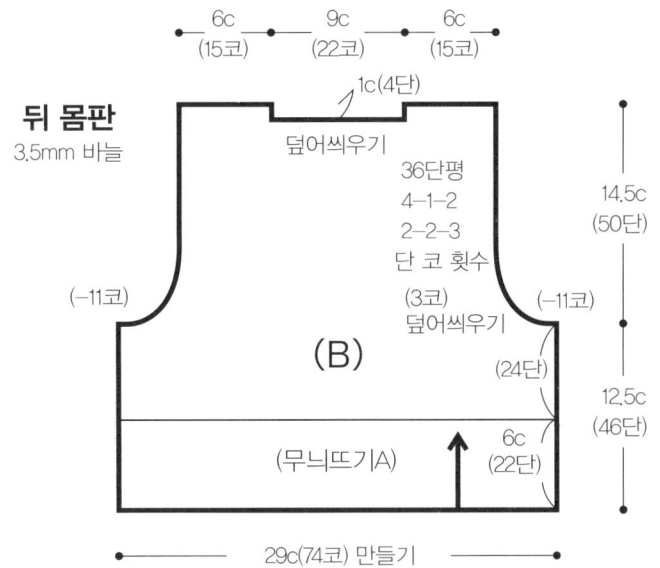

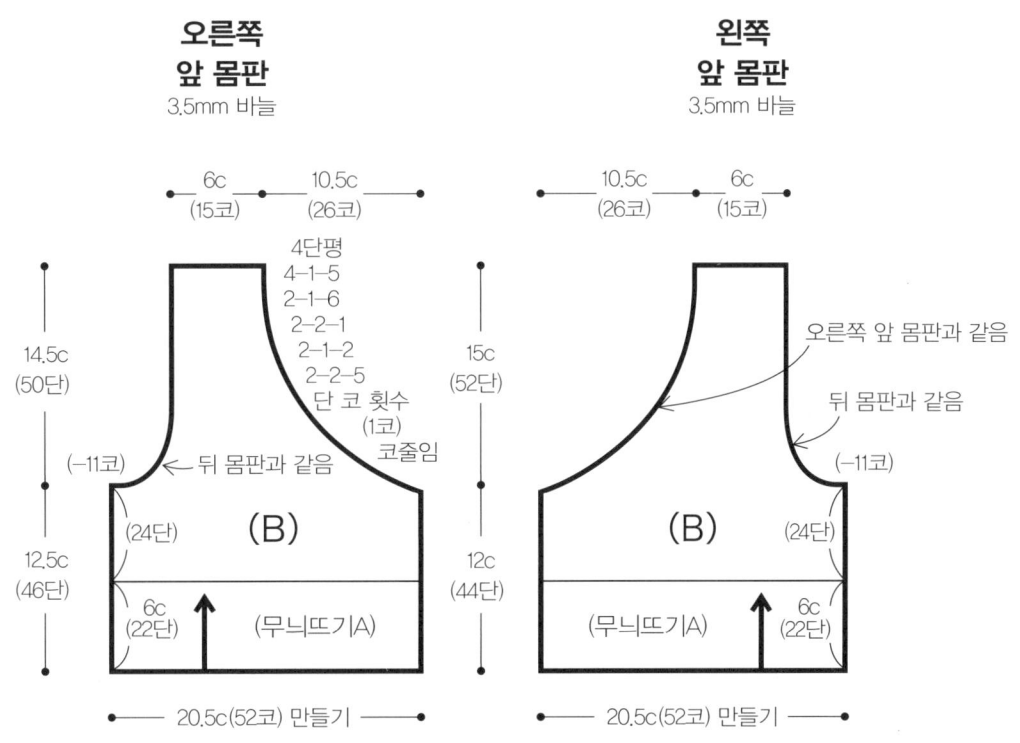

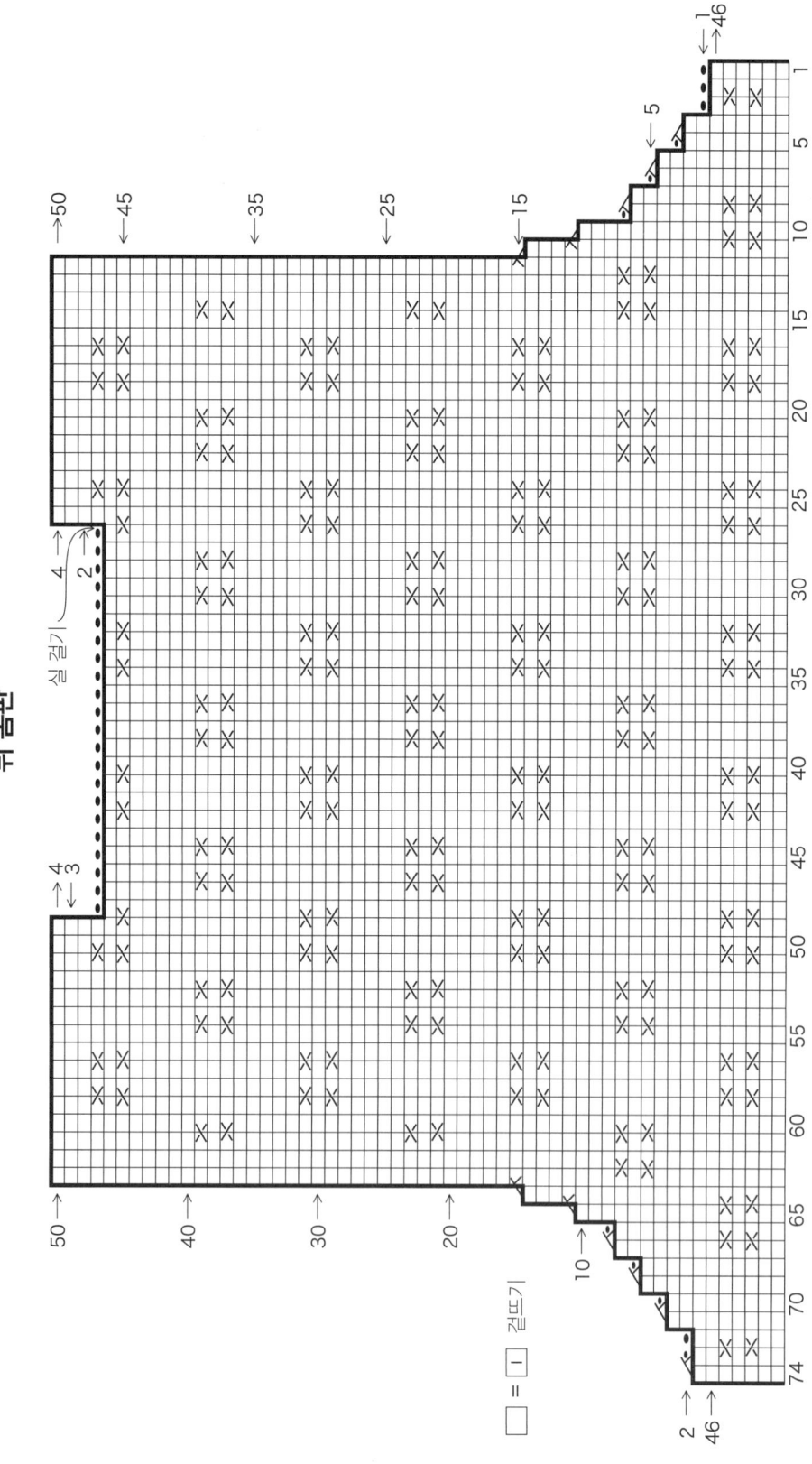

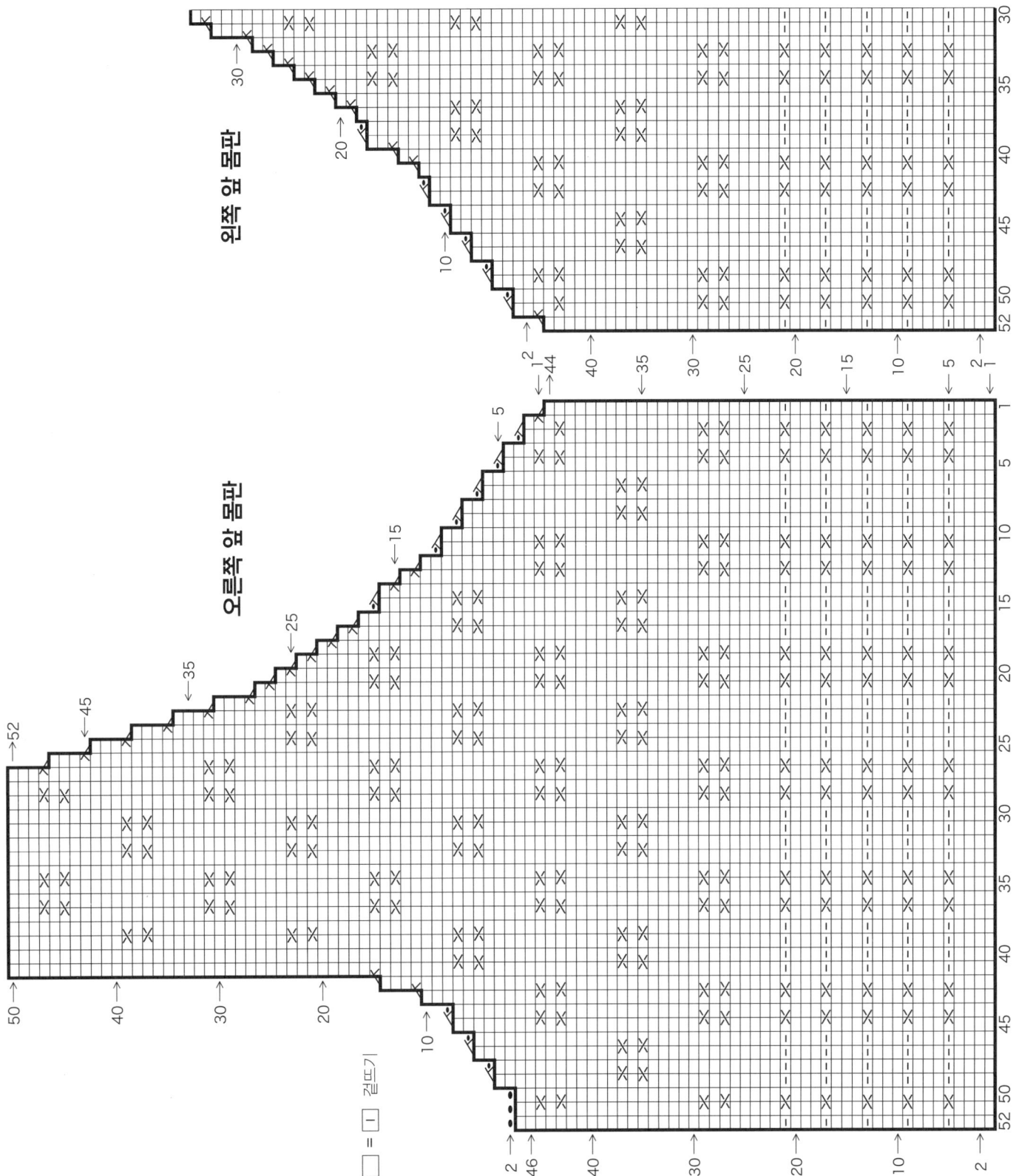

앞단 · 목둘레(가장자리뜨기A) · 밑단(가장자리뜨기B)

5/0호 바늘

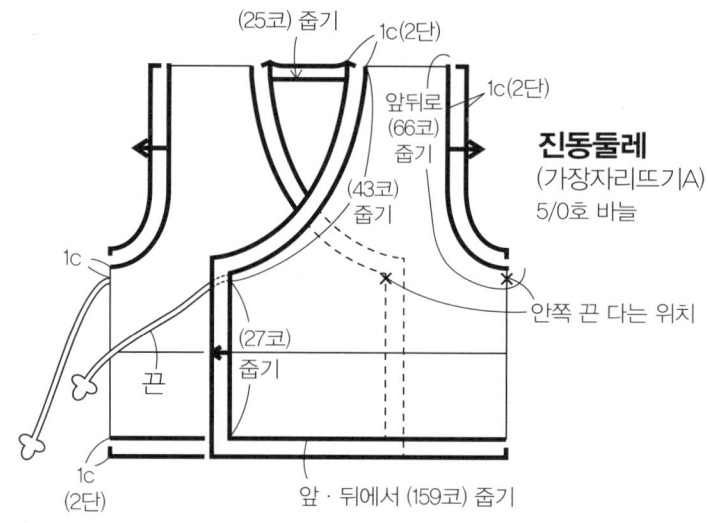

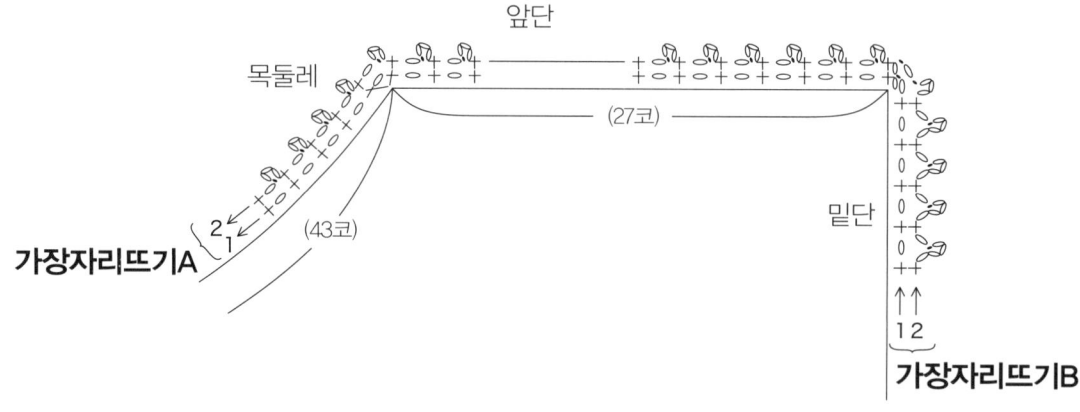

끈(사슬뜨기) 5/0호 바늘

15c 사슬(32코) 만들기

4개

무늬뜨기B

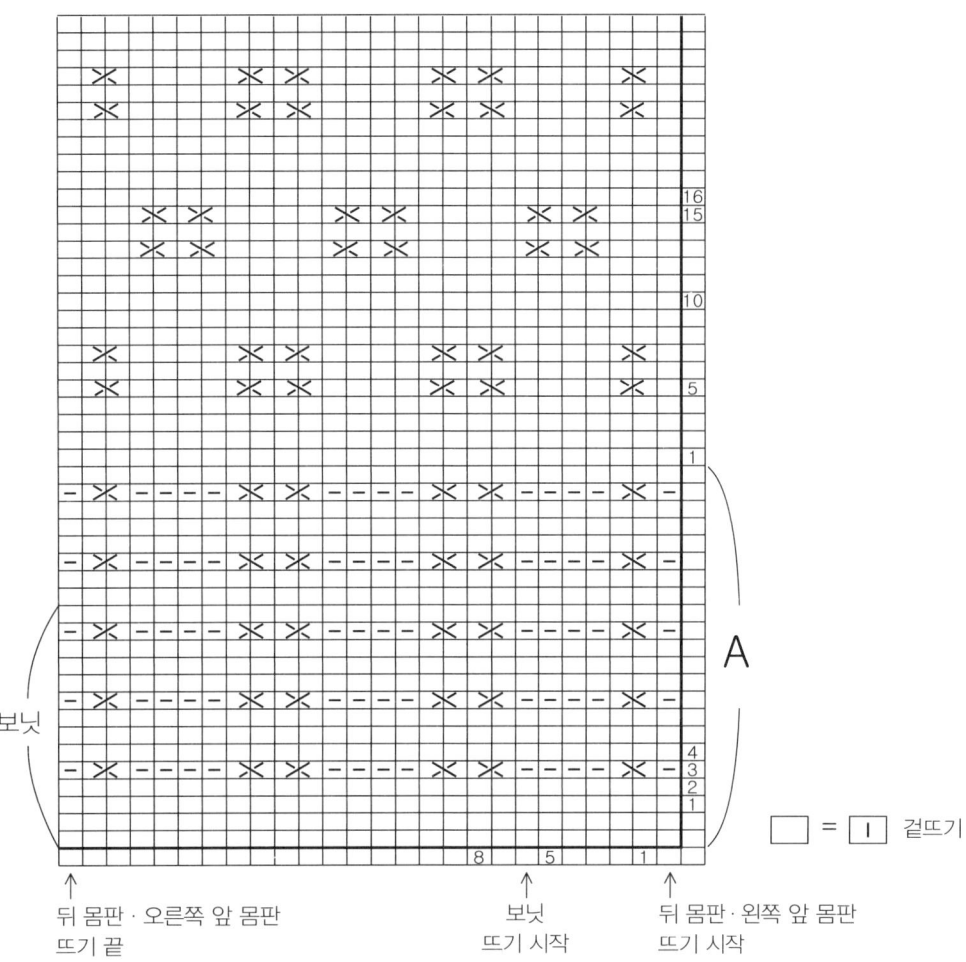

가장자리뜨기C

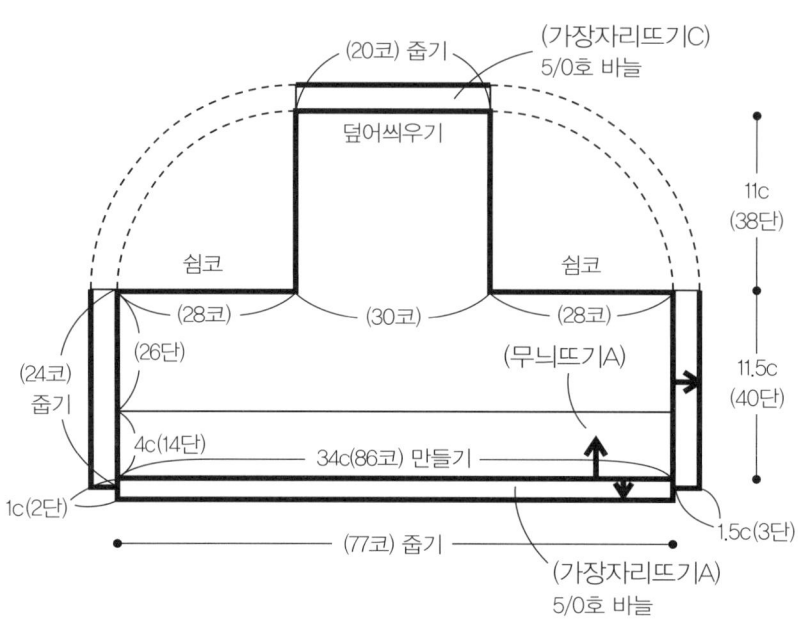

완성 그림

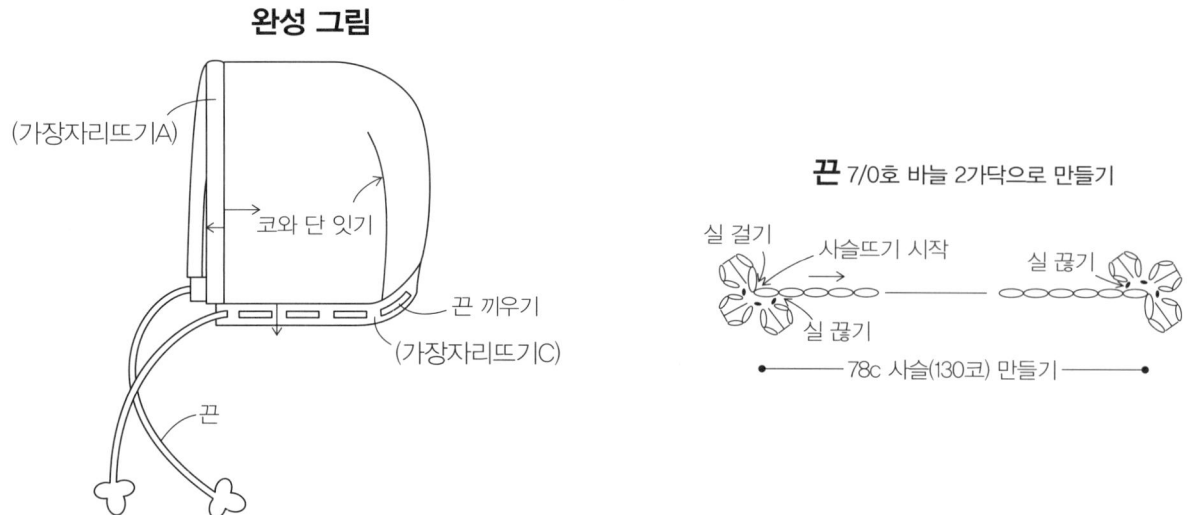

코와 단 잇기

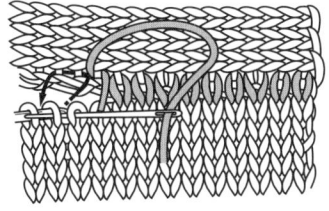

메리야스 잇기

①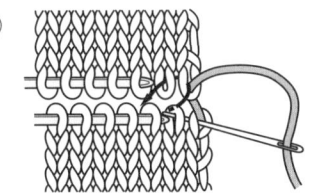

②

③

④

대바늘뜨기 기초

- 일반코잡기(p.89)
- 보조실로 뜬 사슬코 줍기(p.121)
- 시작코를 원으로 만들기(p.167)
- 겉뜨기 · 안뜨기(p.70)
- 바늘비우기와 오른코 겹치기 · 왼코 겹치기와 바늘비우기(p.39)
- 오른코위 교차뜨기 · 왼코위 교차뜨기(p.50) · 끌어올리기(p.103)
- 오른코위 3코 교차뜨기(p.103) · 왼코위 3코 교차뜨기(p.132)
- 중심3코 모아뜨기 · 바늘비우기 · 안뜨기 왼코 겹치기(p.175)
- 돌려뜨기로 코 늘리기(p.41) · 바늘비우기와 돌려뜨기로 코 늘리기(p.164)
- 곡선이 있는 진동둘레(p.116) · 스퀘어 소매 진동둘레(p.167)
- 덮어씌우기(p.101, p.114)
- 2코 고무뜨기 코막음(p.107)
- 빼뜨기 코막음(p.121)
- 코와 단 잇기(p.55, p.167) · 메리야스 잇기(p.55)
- 빼뜨기 잇기(p.100) · 덮어씌워 잇기(p.140)
- 떠서 꿰매기(p.100)

코바늘뜨기 기초

- 시작 사슬코(p.122) · 실감아 원형코 만들기(p.67)
- 시작코 줍기(p.66)
- 짧은뜨기(p.128) · 긴뜨기, 1길긴뜨기(p.175)
- 짧은뜨기 2코 모아뜨기(p.95) · 1길긴뜨기 2코 모아뜨기(p.126)
- 조개무늬뜨기(p.110)
- 1길긴뜨기 3코 구슬뜨기(p.58, p.156)
- 1길긴뜨기 5코 팝콘뜨기(p.76) · 긴뜨기 3코 변형 구슬뜨기(p.170)
- 피코빼뜨기(p.170)
- 실 넘겨서 뜨기(p.83)
- 빼뜨기(p.131) · 이중 사슬뜨기(p.66)
- 감침질(p.83) · 반코 주워서 감침질(p.157)
- '빼뜨기 1코, 사슬뜨기 2코'의 사슬뜨기 꿰매기(p.112)
- 빼뜨기로 연결하기(p.76)
- 단추 달기(p.94)

03 방한용 속옷

PHOTO p.7

0~6개월

준비물	**실** 하마나카 귀여운 아기(병태사) 라임그린(21) 120g/3볼, 백아이보리(2) 30g/1볼 **바늘** 코바늘 5/0호
완성 치수	가슴둘레 52cm, 어깨너비 21cm, 기장 33.5cm
게이지	가로세로 10cm 무늬뜨기A 3.75무늬×8단, 무늬뜨기B 20코×10단
뜨는 방법 포인트	**뒤 몸판** 시작 사슬코를 만들고, 사슬의 뒷산을 주워서 무늬뜨기A로 15단 뜹니다. 무늬뜨기B는 무늬뜨기A의 사슬을 양끝 코 이외에는 다발로 주워서 뜨고 진동둘레는 코줄임을 합니다. 목둘레는 실이 있는 오른쪽 어깨를 먼저 뜨고, 왼쪽 어깨는 실을 걸어서 뜹니다. **앞 몸판** 뒤 몸판과 같은 방법으로 시작코를 만들고, 앞 목둘레는 코줄임을 하고, 좌우대칭으로 2장 뜹니다. **마무리** 어깨는 '짧은뜨기1코, 사슬뜨기1코', 옆선은 '짧은뜨기1코, 사슬뜨기2코'의 사슬뜨기 꿰매기를 합니다. 모티브는 실을 감아 원형코를 만들어 그림과 같이 뜨고, 2단에서 연결하면서 17장을 뜹니다. 앞단·목둘레·진동둘레를 가장자리뜨기로 2단 뜨고, 밑단에 모티브를 달고, 지정된 위치에 끈을 답니다.

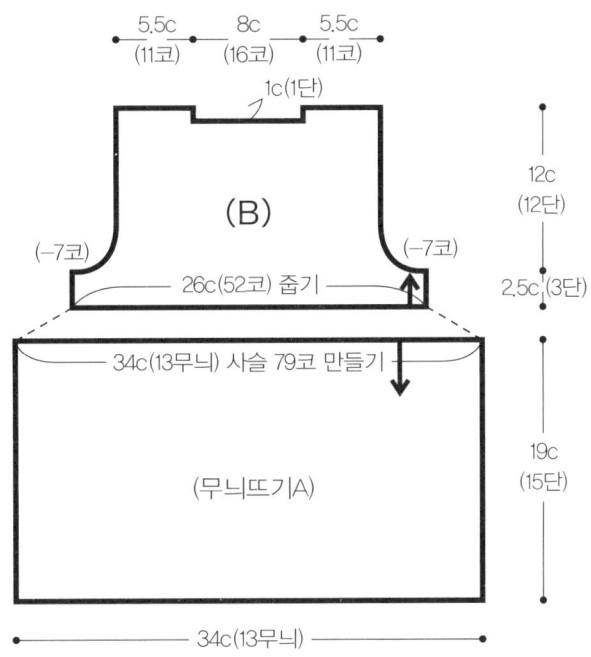

뒤 몸판
5/0호 바늘

※지정된 것 외에는 라임그린으로 뜬다.

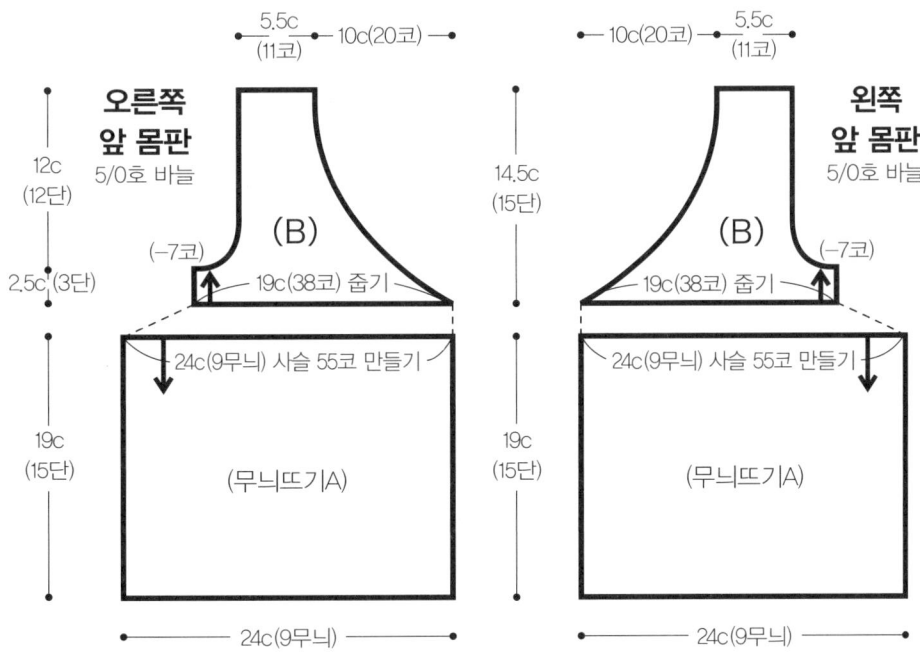

오른쪽 앞 몸판 5/0호 바늘

왼쪽 앞 몸판 5/0호 바늘

앞단 · 목둘레 · 진동둘레(가장자리뜨기) 5/0호 바늘

끈(이중 사슬뜨기)
백아이보리 5/0호 바늘

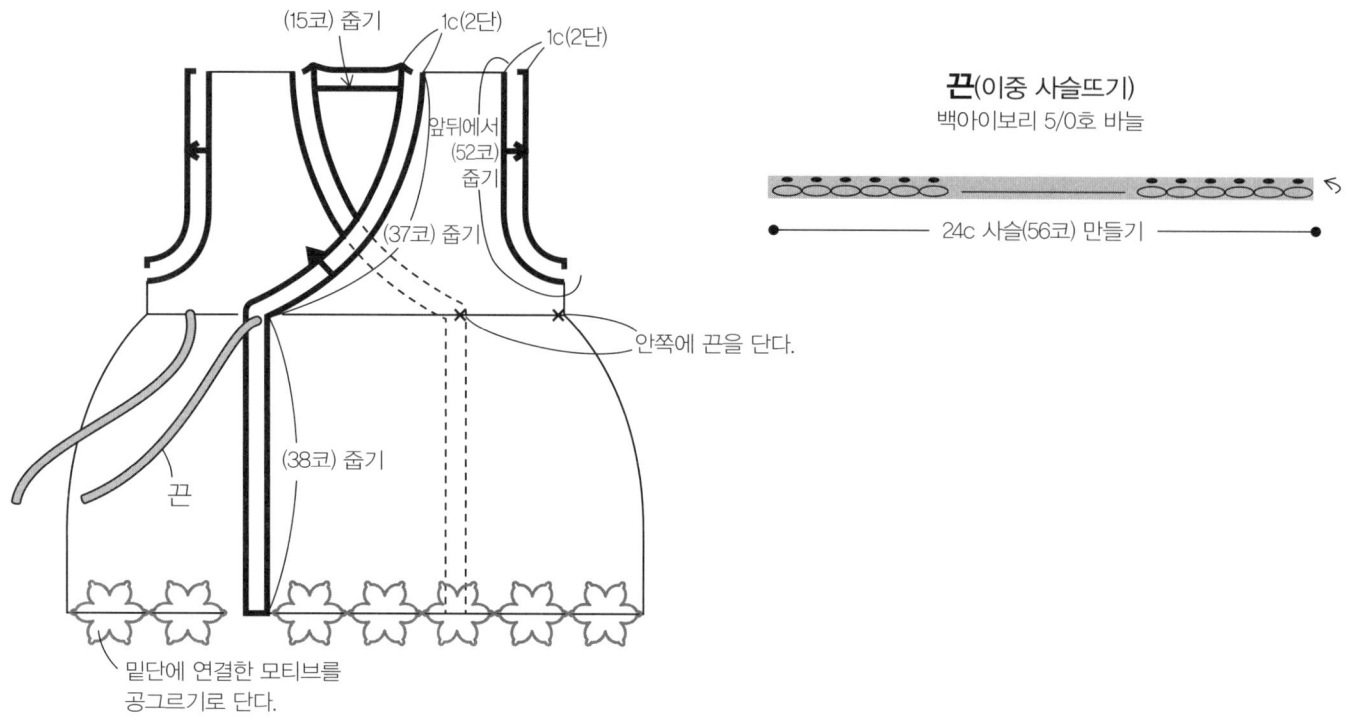

1길긴뜨기 3코 구슬뜨기

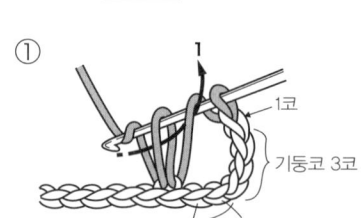

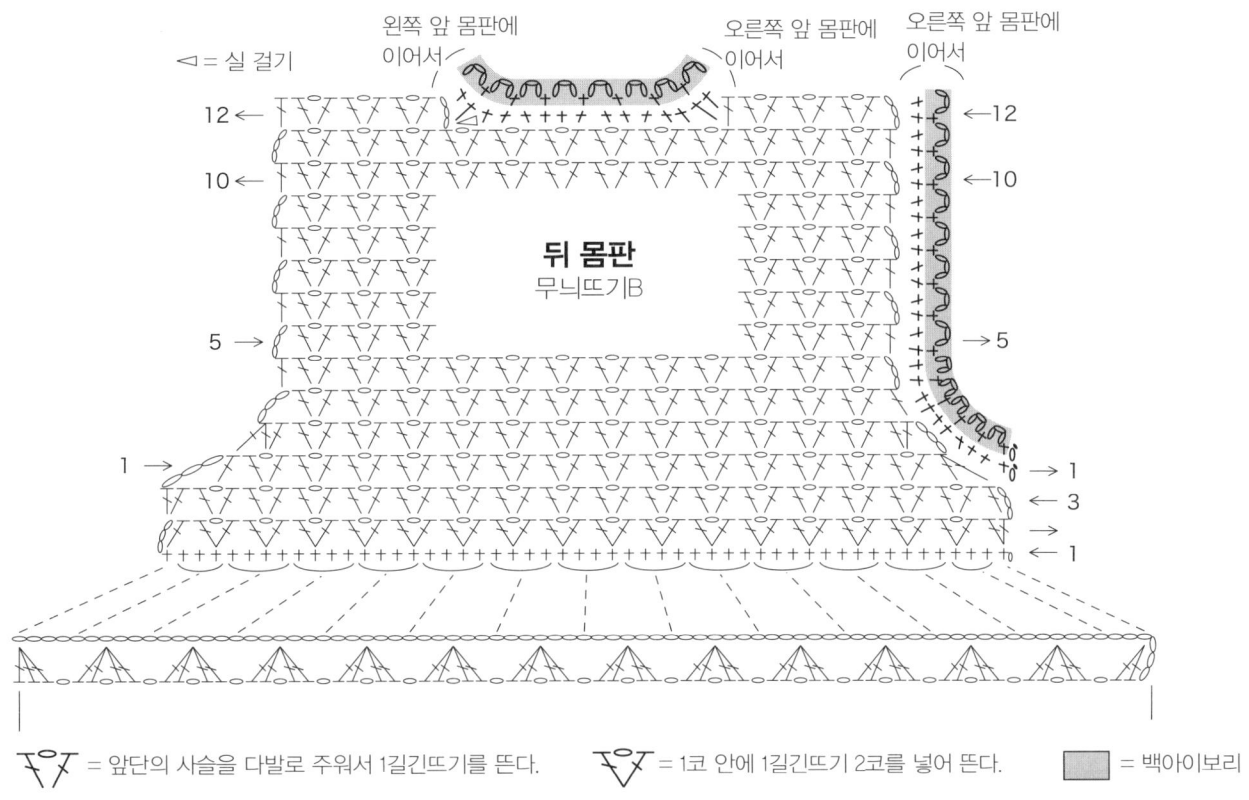

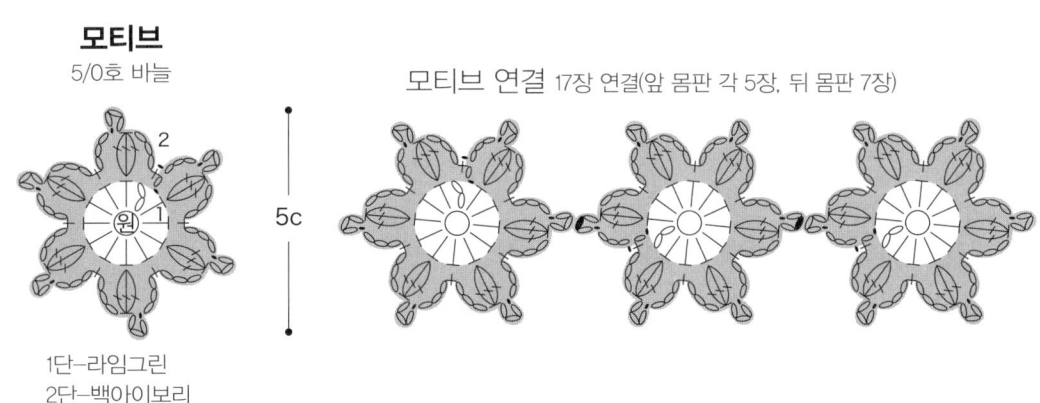

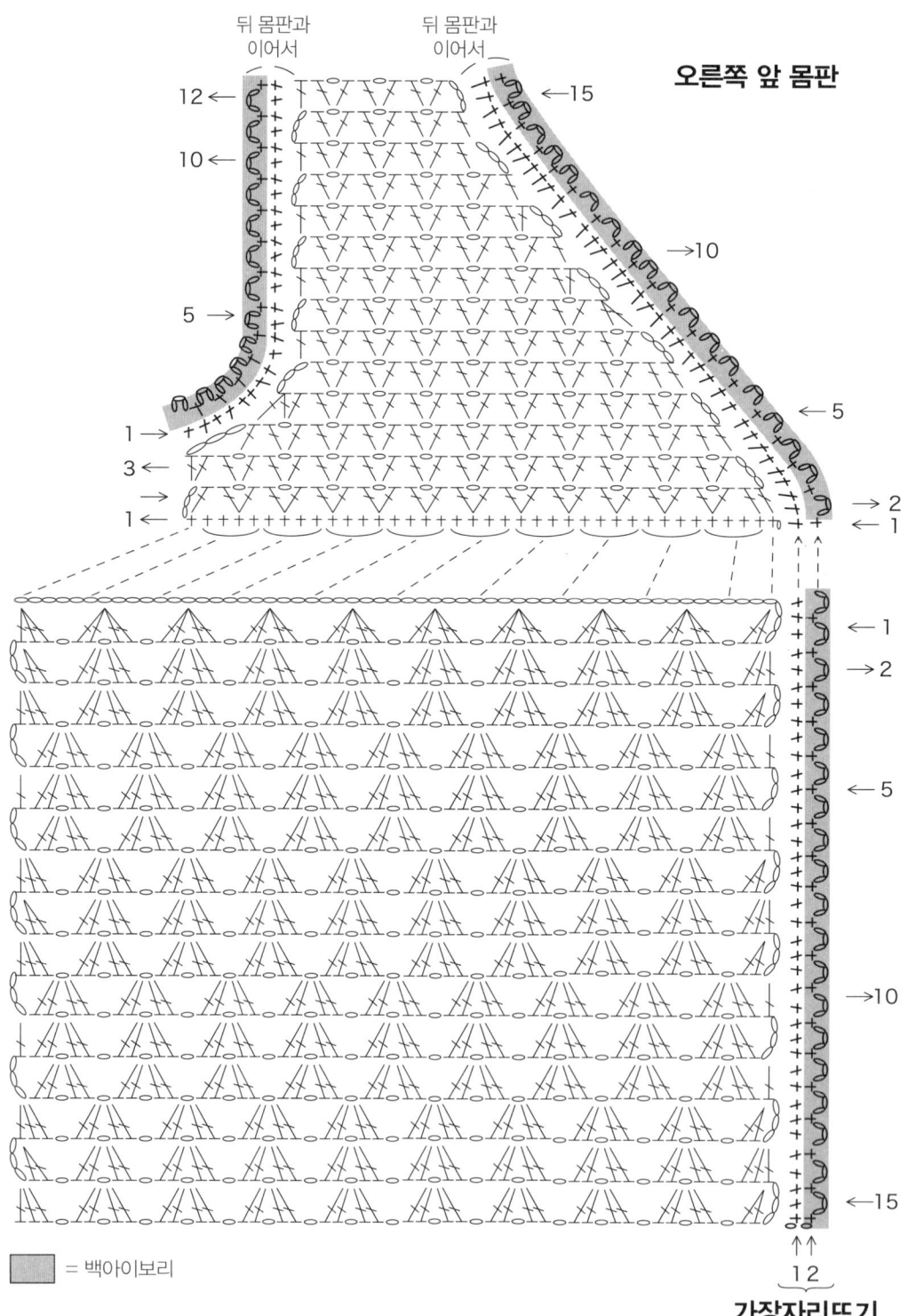

왼쪽 앞 몸판

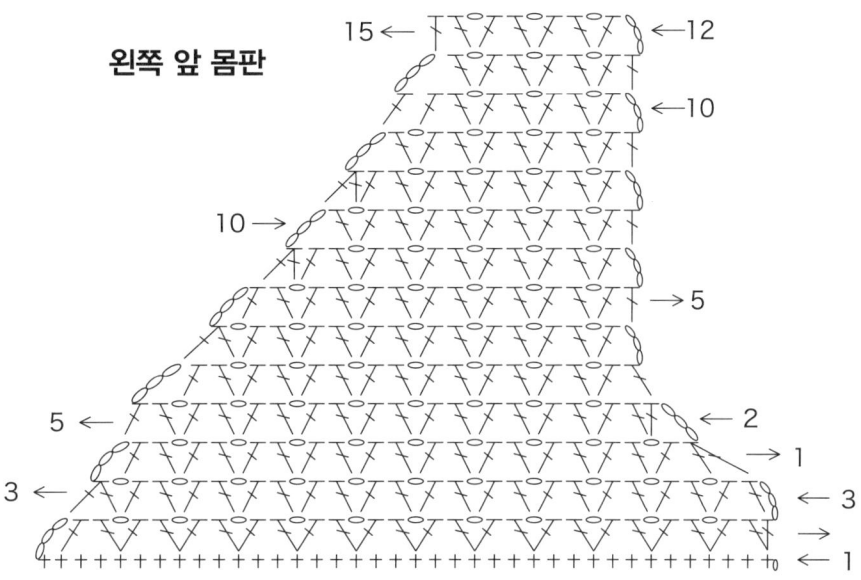

무늬뜨기A

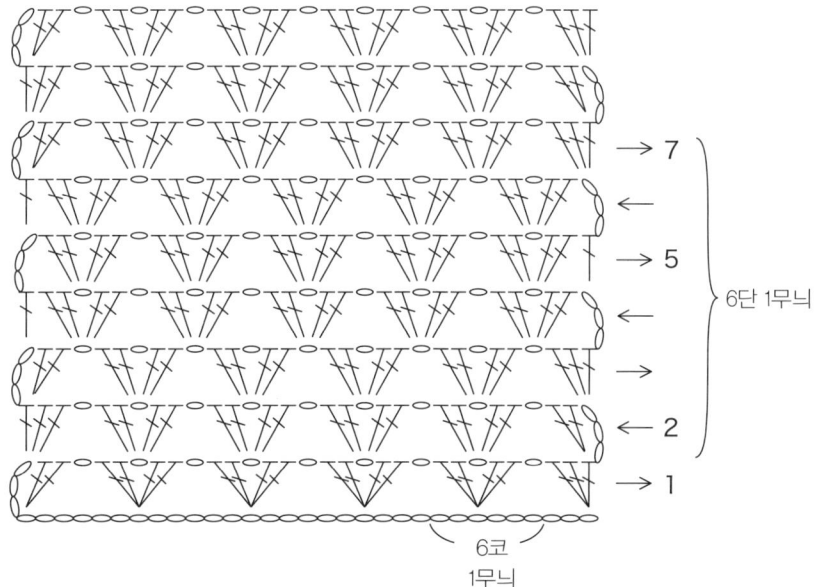

PHOTO p.8

방한용 속옷

0~6개월

| 준비물 | **실** 하마나카 오가닉 울 필드(병태사) 오프화이트(1) 100g/3볼, 그레이시 핑크(7) 5g/1볼
바늘 코바늘 5/0호 |

| 완성 치수 | 가슴둘레 56cm, 어깨너비 22cm, 기장 28.5cm |

| 게이지 | 가로세로 10cm 무늬뜨기 4.25무늬×11단 |

| 뜨는 방법 포인트 | 오른쪽 앞 몸판·뒤 몸판·왼쪽 앞 몸판을 이어서 시작 사슬코를 만들고, 사슬 반코와 뒷산을 주워서 무늬뜨기로 11단 뜨고, 좌우대칭으로 앞 목둘레의 코줄임을 합니다. 옆선 길이 14단을 다 뜨면, 3장으로 나눠 실이 있는 오른쪽 앞 몸판을 끝까지 뜹니다. 그다음 뒤 몸판, 왼쪽 앞 몸판에 각각 실을 걸어서 뜹니다.
마무리 어깨는 겉끼리 맞대어 '짧은뜨기1코, 사슬뜨기2코'의 사슬뜨기 잇기를 하고, 밑단·앞단·목둘레는 이어서 가장자리뜨기를 하고, 진동둘레는 원통으로 가장자리뜨기를 합니다. 모티브는 실을 감아 원형코를 만들고 a와 b를 2장 뜨고, 2장을 겹쳐서 고정시키고, 오른쪽 앞 몸판의 지정된 위치에 답니다. 끈은 각 실로 2개씩 만들고, 지정된 위치에 답니다. |

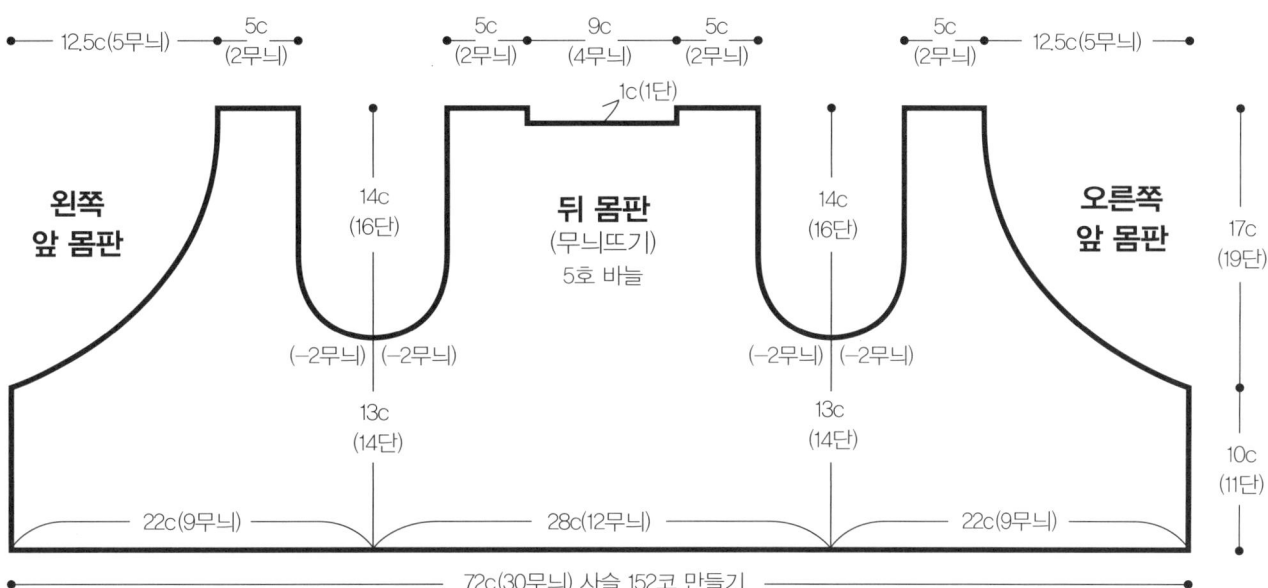

※지정된 것 외에는 오프화이트로 뜬다.

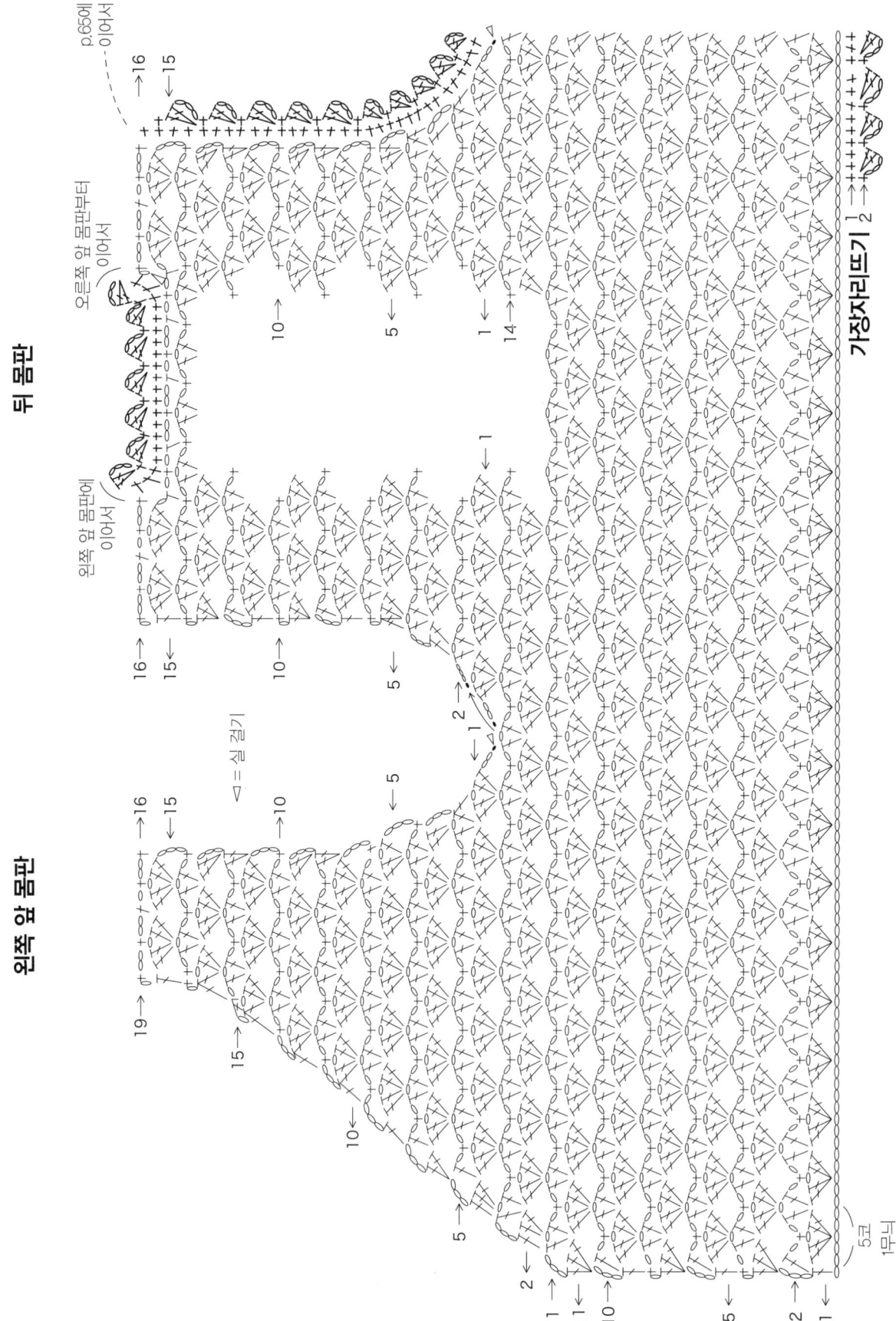

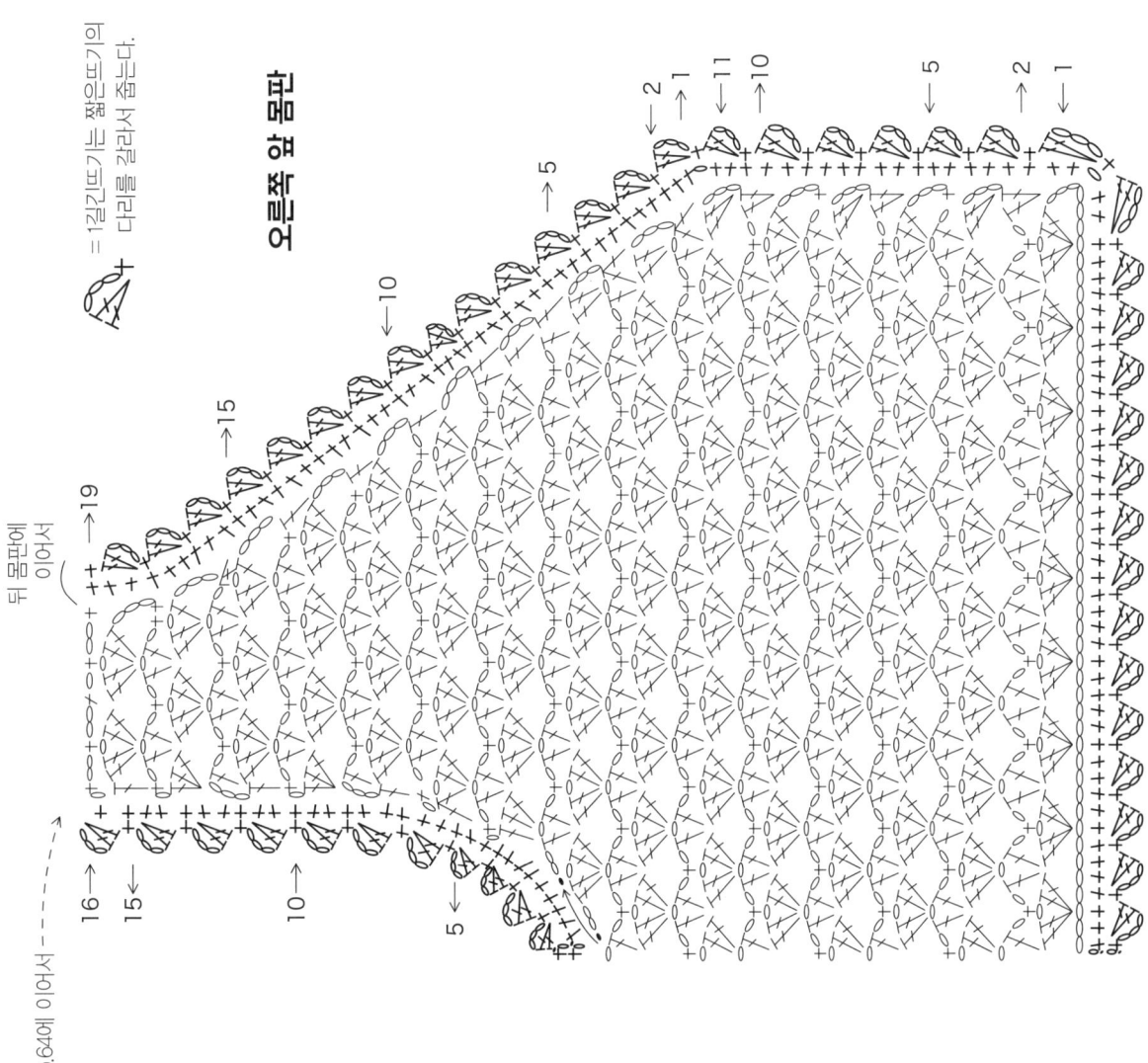

시작코 줍기

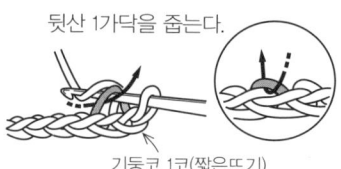

뒷산 1가닥을 줍는다.
기둥코 1코(짧은뜨기)

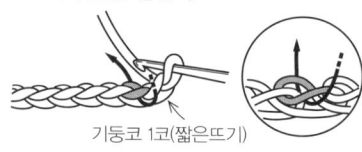

반코와 뒷산을 줍는다.
기둥코 1코(짧은뜨기)

이중 사슬뜨기

① 빼뜨기

②

밑단 · 앞단 · 목둘레 · 진동둘레(가장자리뜨기)
5/0호 바늘

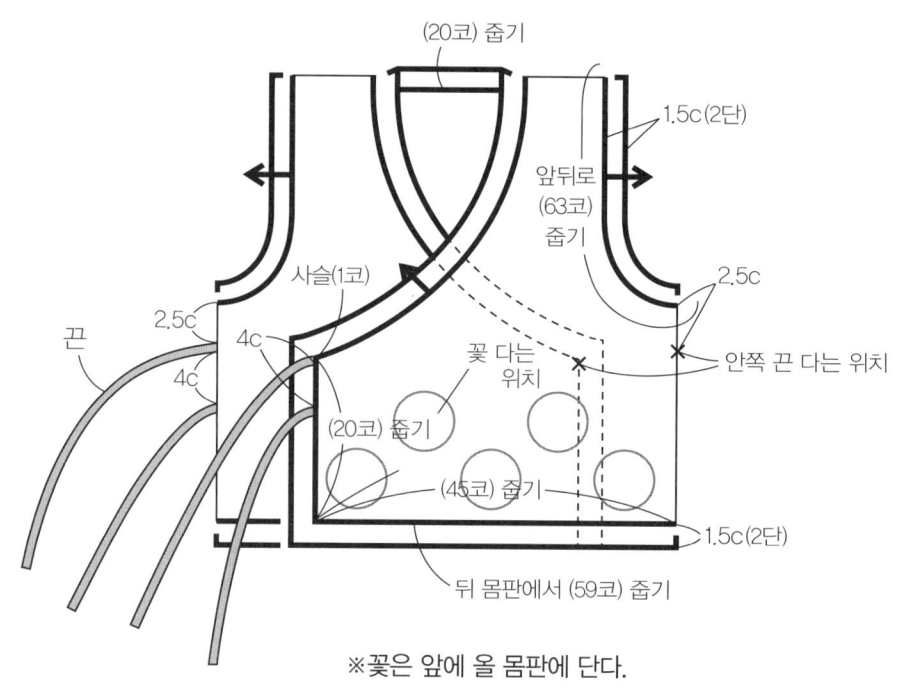

※꽃은 앞에 올 몸판에 단다.

끈(이중 사슬뜨기) 5호 바늘

그레이시 핑크 4개
오프화이트 2개

23c 사슬(55코) 만들기

※안쪽은 오프화이트로 만든 끈을 단다.

모티브
5/0호 바늘

a 그레이시 핑크 5장

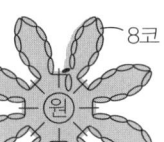

b 오프화이트 5장

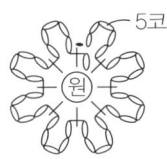

꽃

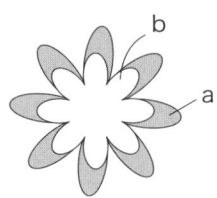

모티브 a 위에 모티브 b를
올려놓고 고정시켜 단다.

실감아 원형코 만들기

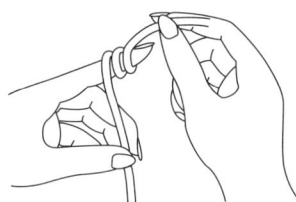
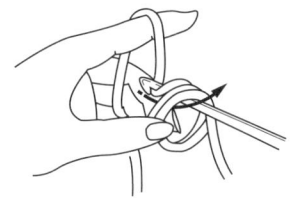
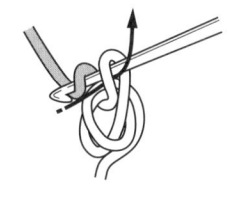
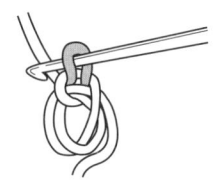

05 방한용 속옷

PHOTO p.9

0~6개월

준비물	**실** 하마나카 오가닉 울 필드(병태사) 그레이시 블루(5) 100g/3볼 **바늘** 대바늘 4mm, 코바늘 4/0호 · 5/0호
완성 치수	가슴둘레 58cm, 어깨너비 22cm, 기장 28.5cm
게이지	가로세로 10cm 메리야스뜨기 24코×31단, 무늬뜨기 24코×35단
뜨는 방법 포인트	**뒤 몸판** 보조실로 뜬 사슬코 줍기로 코를 만들어 가터뜨기로 5단 뜹니다. 이어서 무늬뜨기로 42단 뜨고, 메리야스뜨기로 바꿉니다. 진동둘레는 오른쪽, 왼쪽에서 코줄임을 합니다. **앞 몸판** 뒤 몸판과 같은 방법으로 코를 만들어 뜹니다. 목둘레는 코줄임을 하고, 좌우대칭으로 2장 뜹니다. **마무리** 뒤 몸판 · 오른쪽 앞 몸판 · 왼쪽 앞 몸판 모두 보조실을 풀어내고, 안면에서 빼뜨기 코막음을 합니다. 어깨는 겉끼리 맞대어 덮어씌우기 잇기, 옆선은 떠서 꿰매기를 합니다. 그다음 앞단 · 목둘레 · 진동둘레는 가장자리뜨기를 합니다. 끈은 사슬뜨기에 이어서 장식을 뜨고, 지정된 위치에 답니다.

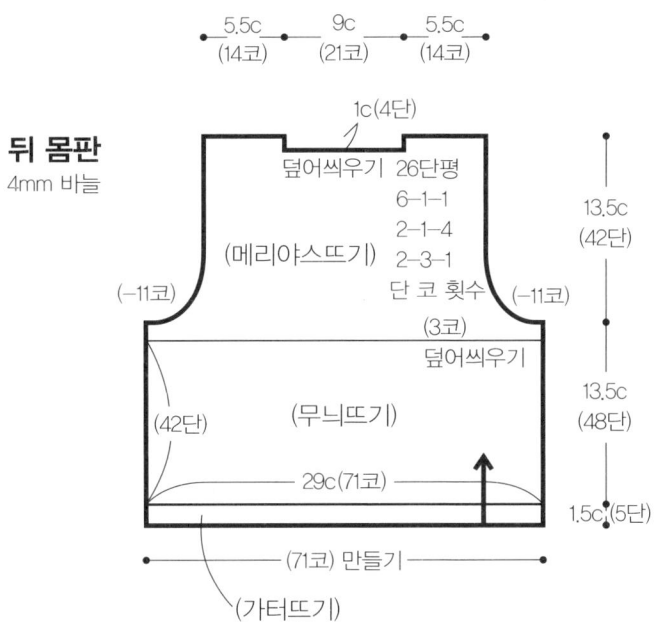
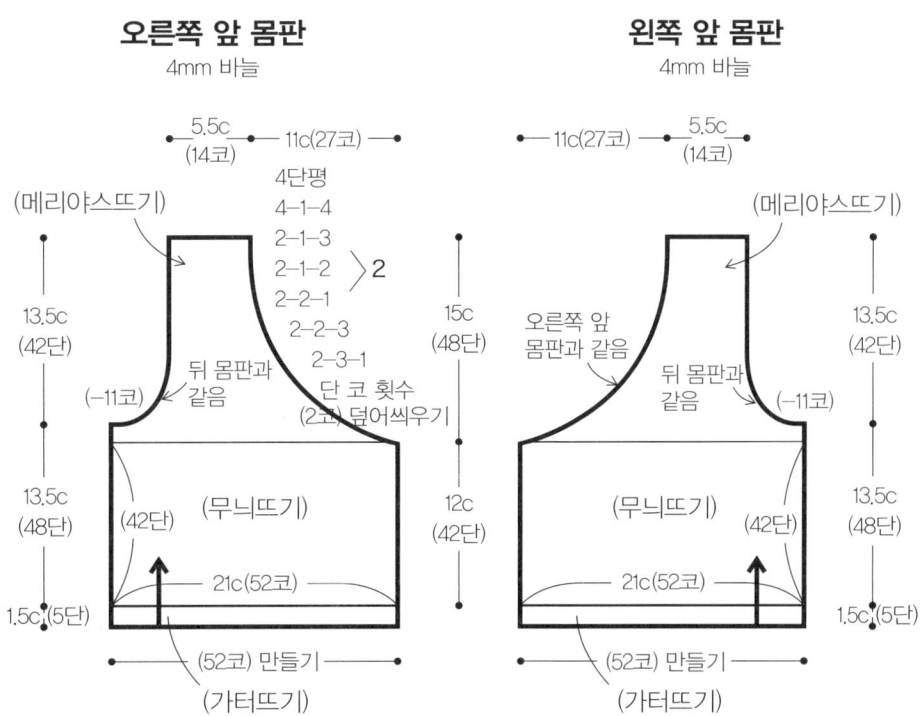

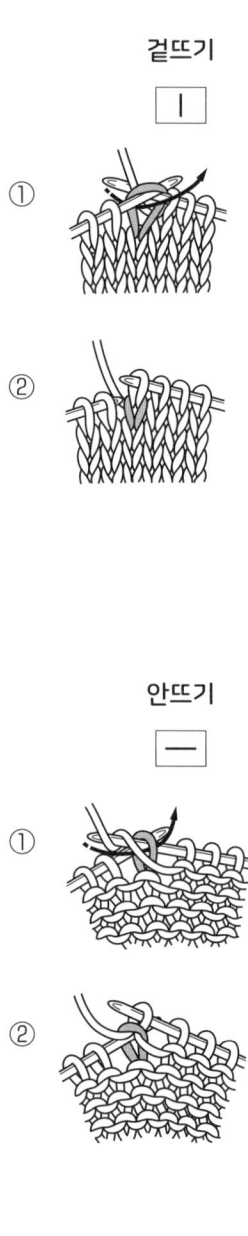

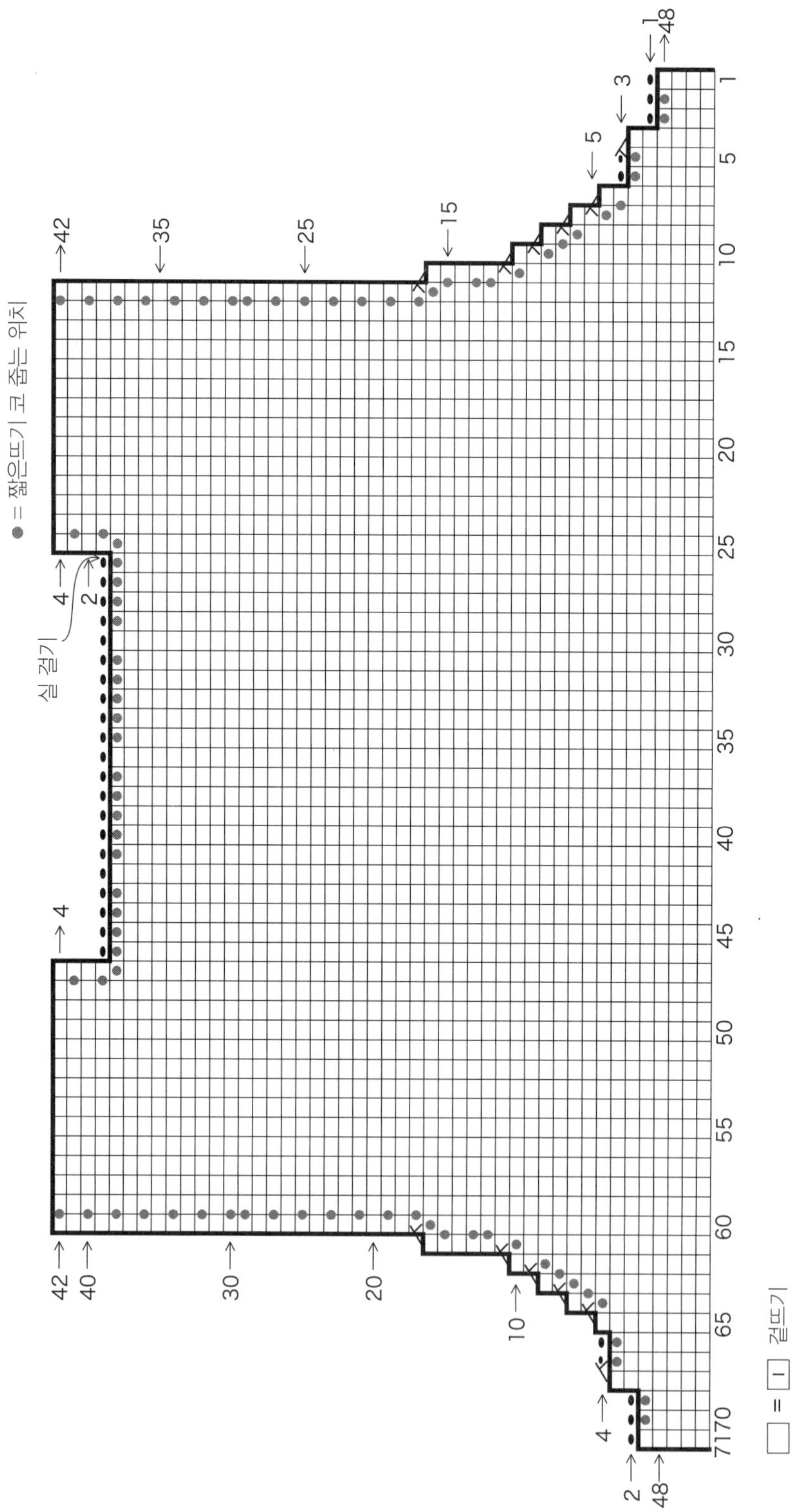

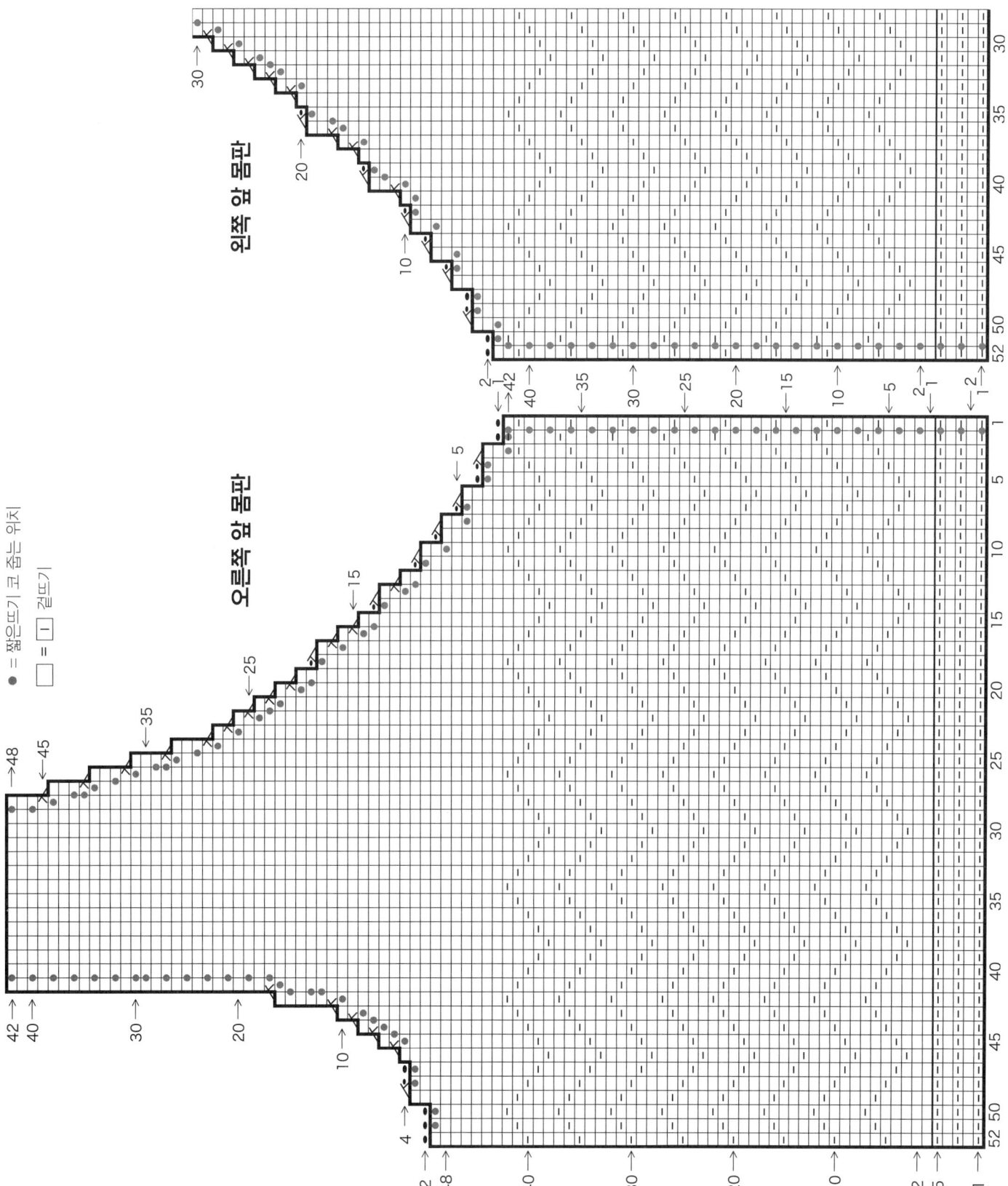

무늬뜨기

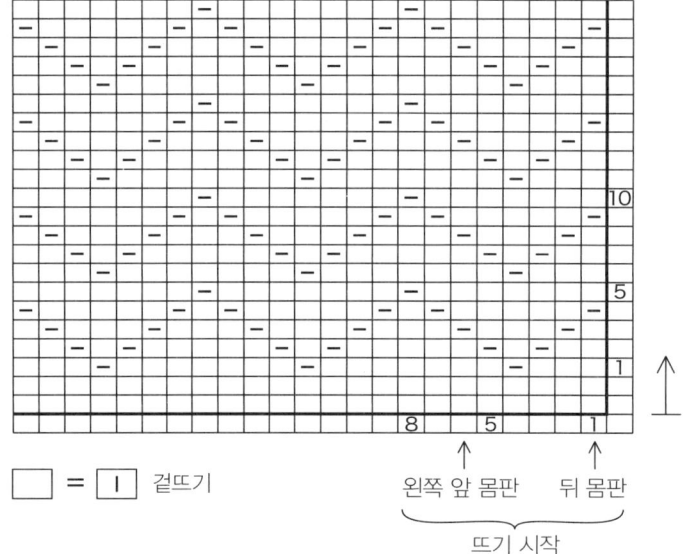

☐ = │ 겉뜨기

뜨기 시작: 왼쪽 앞 몸판(8, 5) / 뒤 몸판(1)

가장자리뜨기

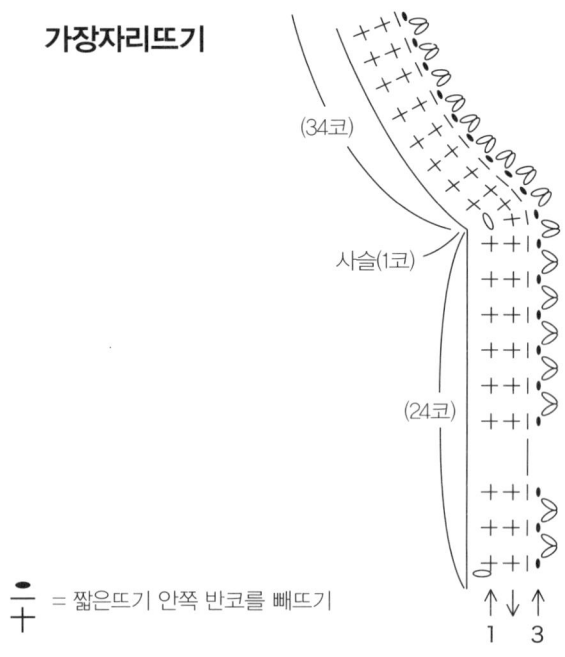

⊖ = 짧은뜨기 안쪽 반코를 빼뜨기

앞단 · 목둘레 · 진동둘레(가장자리뜨기)
4/0호 바늘

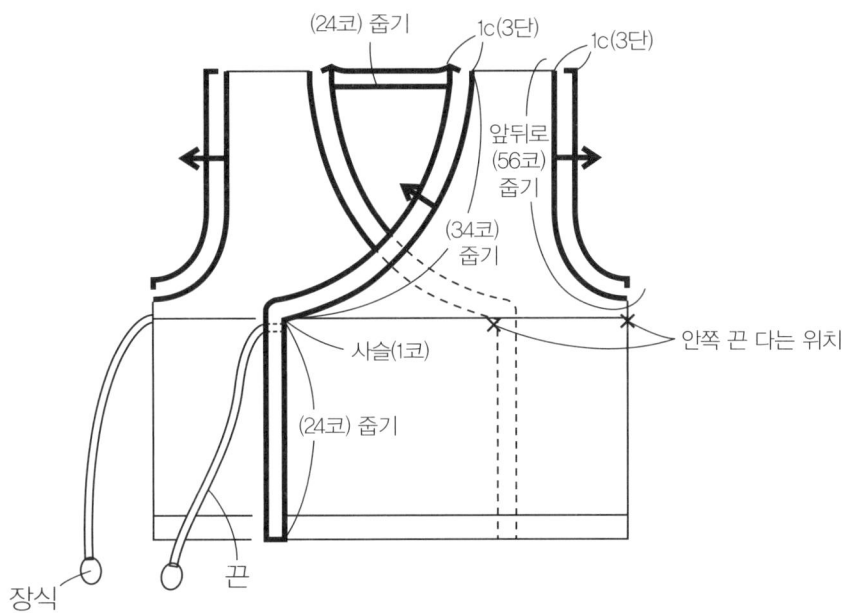

끈(사슬뜨기) 5/0호 바늘

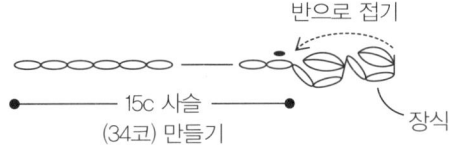

PHOTO p.10

속싸개

3개월~

준비물	**실** 하마나카 오가닉 울 필드(병태사) 오프화이트(1) 260g/7볼, 베이지(2) 60g/2볼 **바늘** 코바늘 5/0호
완성 치수	77cm×77cm
게이지	모티브 11cm×11cm
뜨는 방법 포인트	모티브는 오프화이트로 시작 사슬코를 만들고 사슬의 뒷산을 주워서 뜹니다. 모티브A와 모티브B를 각각 18장씩 만듭니다. 가장자리는 베이지실을 걸고, 짧은뜨기로 단을 다발로 주워서 한 바퀴 뜹니다. 모티브A · B를 그림과 같이 배치하고, 베이지실을 걸어 '사슬뜨기3코, 빼뜨기1코'를 가로로 ①~⑤ 순으로 연결하고, 그다음 세로로 ⑥~⑩ 순으로 연결합니다. 가장자리뜨기는 지정된 위치에 실을 걸고 1단은 베이지, 2 · 3단은 오프화이트로 줄무늬가 되게 뜹니다.

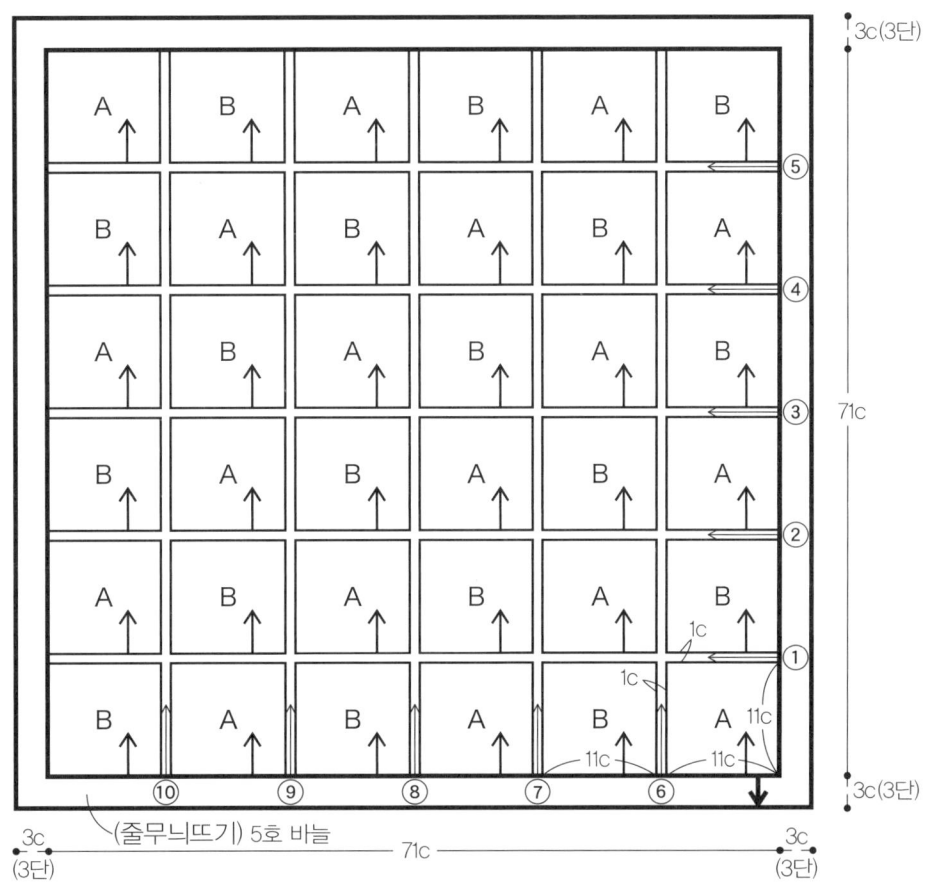

※ ①~⑩ 순으로 '사슬뜨기3코, 빼뜨기1코'로 연결한다.

1길긴뜨기 5코 팝콘뜨기

①

1코에 1길긴뜨기 5코를 뜬다.
일단 코에서 바늘을 빼고
그림과 같이 바늘을 넣고 실을 건다.

②

실을 고리로 빼내고, 한 번 더
사슬뜨기를 해서 조인다.

빼뜨기로 연결하기

다발에 넣어서 빼뜨기

①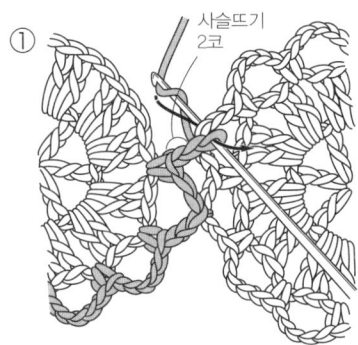

②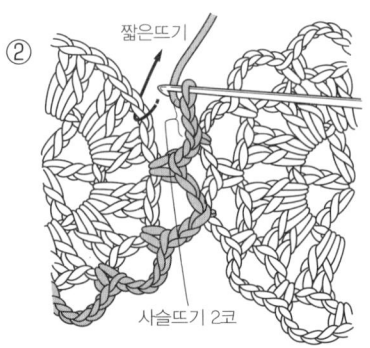

모티브A 18장

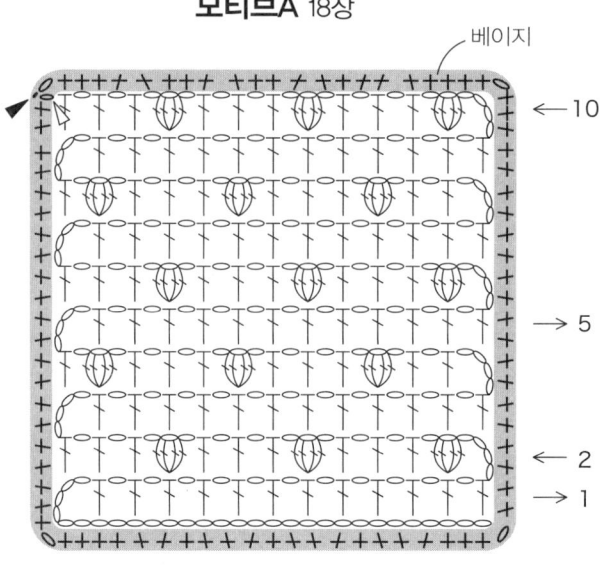

⬙ = 1길긴뜨기 4코 팝콘뜨기

모티브B 18장

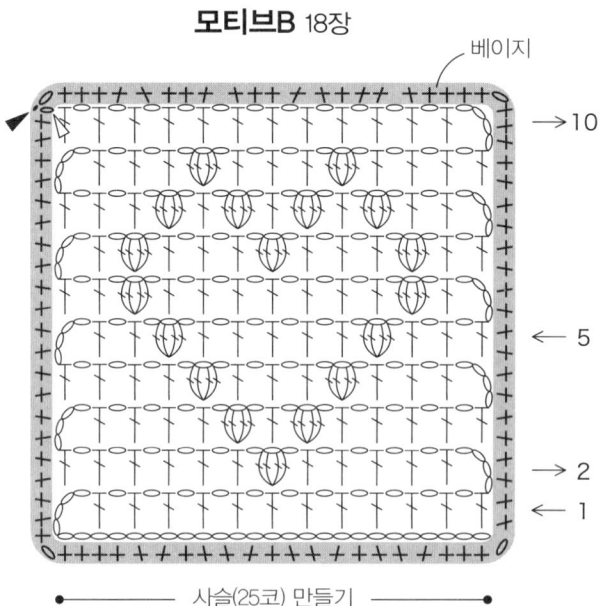

※지정된 것 외에는 오프화이트로 뜬다.

◁ = 실 걸기
◀ = 실 끊기

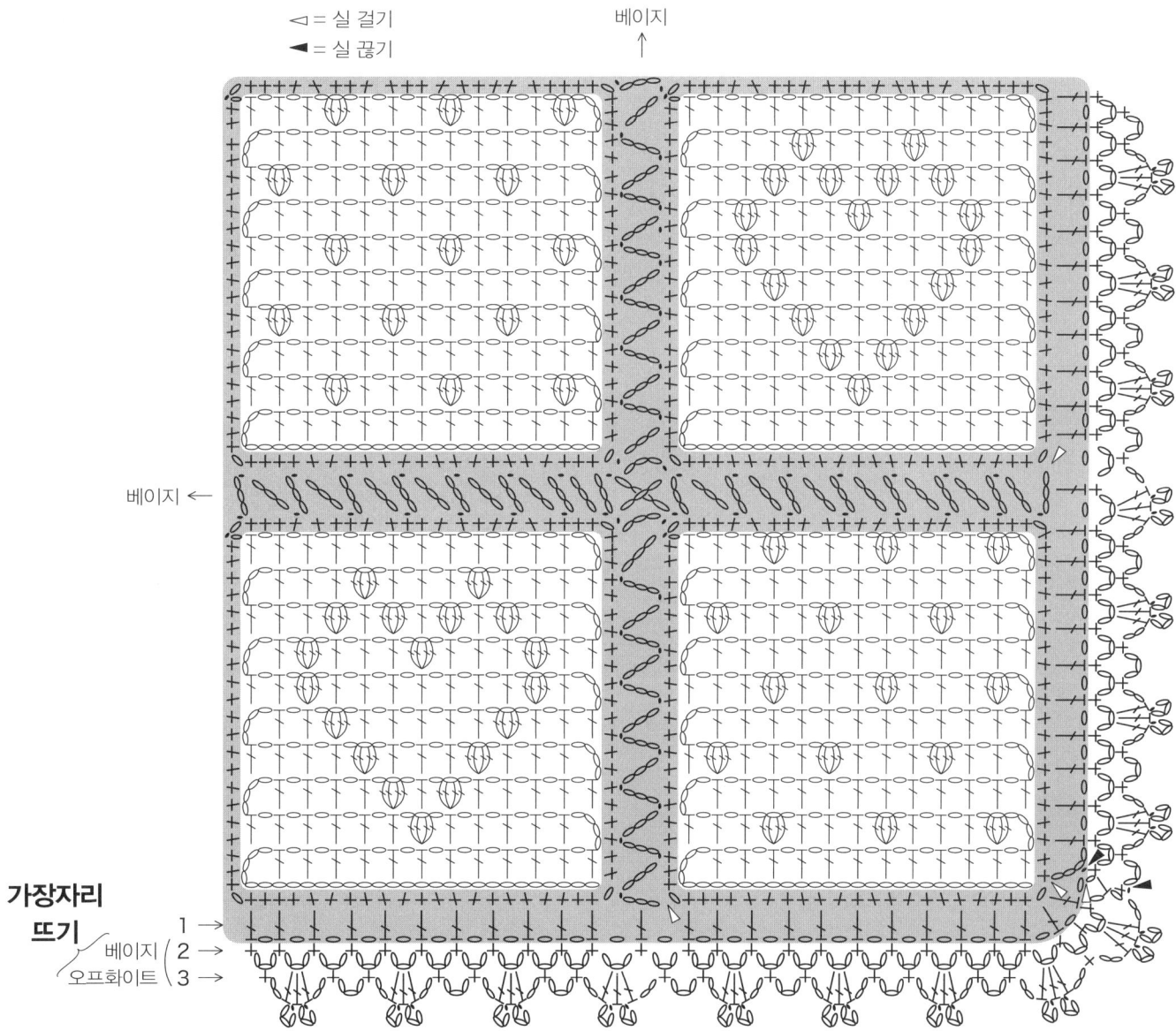

PHOTO p.11

방한용 속옷

3~8개월

| 준비물 | **실** 하마나카 오가닉 울 필드(병태사) 오프화이트(1) 100g/3볼, 베이지(2) 20g/1볼
바늘 코바늘 5/0호 |

| 완성 치수 | 가슴둘레 58cm, 어깨너비 24cm, 기장 28.5cm |

| 게이지 | 가로세로 10cm 무늬뜨기A · B 모두 25코×10단 |

| 뜨는 방법 포인트 | **뒤 몸판** 시작 사슬코를 만들고 사슬의 뒷산을 주워서 뜹니다. 무늬뜨기A를 뜨고, 진동둘레는 코줄임을 합니다.
앞 몸판 뒤 몸판과 같은 방법으로 코를 만들어 뜹니다. 무늬뜨기B를 9단 뜨고, 무늬뜨기A로 바꿉니다. 목둘레는 코줄임을 하고, 좌우대칭으로 2장 뜹니다.
마무리 어깨는 감침질을 하고, 옆선은 '빼뜨기1코, 사슬뜨기3코'의 사슬뜨기 꿰매기를 합니다. 밑단 · 앞단 · 목둘레를 이어서 뜨고, 진동둘레는 원통으로 가장자리뜨기를 2단 뜹니다. 끈은 4개를 만들어 지정된 위치에 답니다. |

뒤 몸판
5/0호 바늘

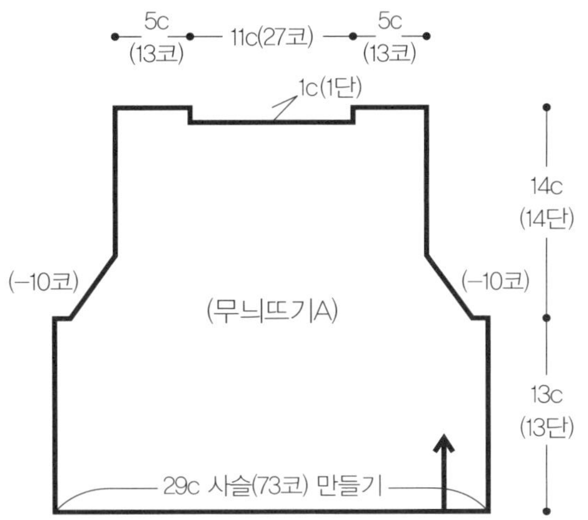

- 5c (13코) — 11c(27코) — 5c (13코)
- 1c(1단)
- 14c (14단)
- (−10코) (무늬뜨기A) (−10코)
- 13c (13단)
- 29c 사슬(73코) 만들기

※지정된 것 외에는 오프화이트로 뜬다.

오른쪽 앞 몸판
5/0호 바늘

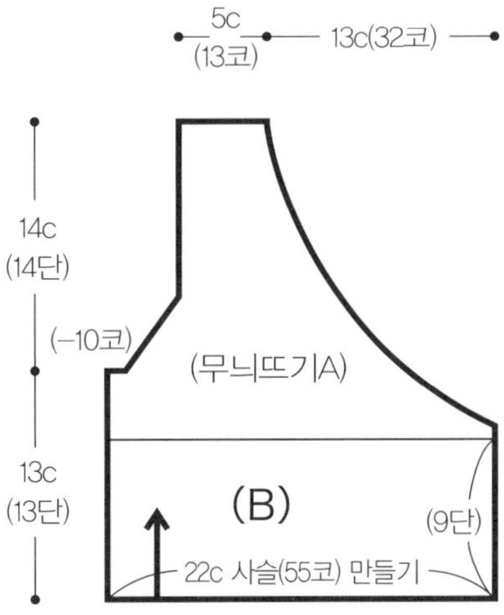

- 5c(13코) — 13c(32코)
- 14c (14단)
- (−10코) (무늬뜨기A)
- 13c (13단) (B) (9단)
- 22c 사슬(55코) 만들기

왼쪽 앞 몸판
5/0호 바늘

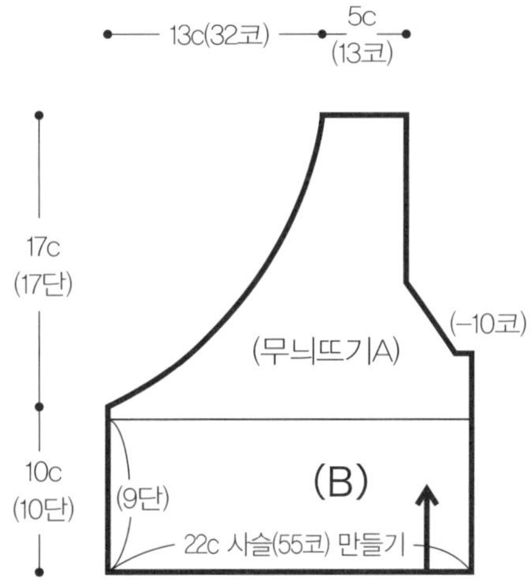

- 13c(32코) — 5c(13코)
- 17c (17단)
- (무늬뜨기A) (−10코)
- 10c (10단) (9단) (B)
- 22c 사슬(55코) 만들기

79

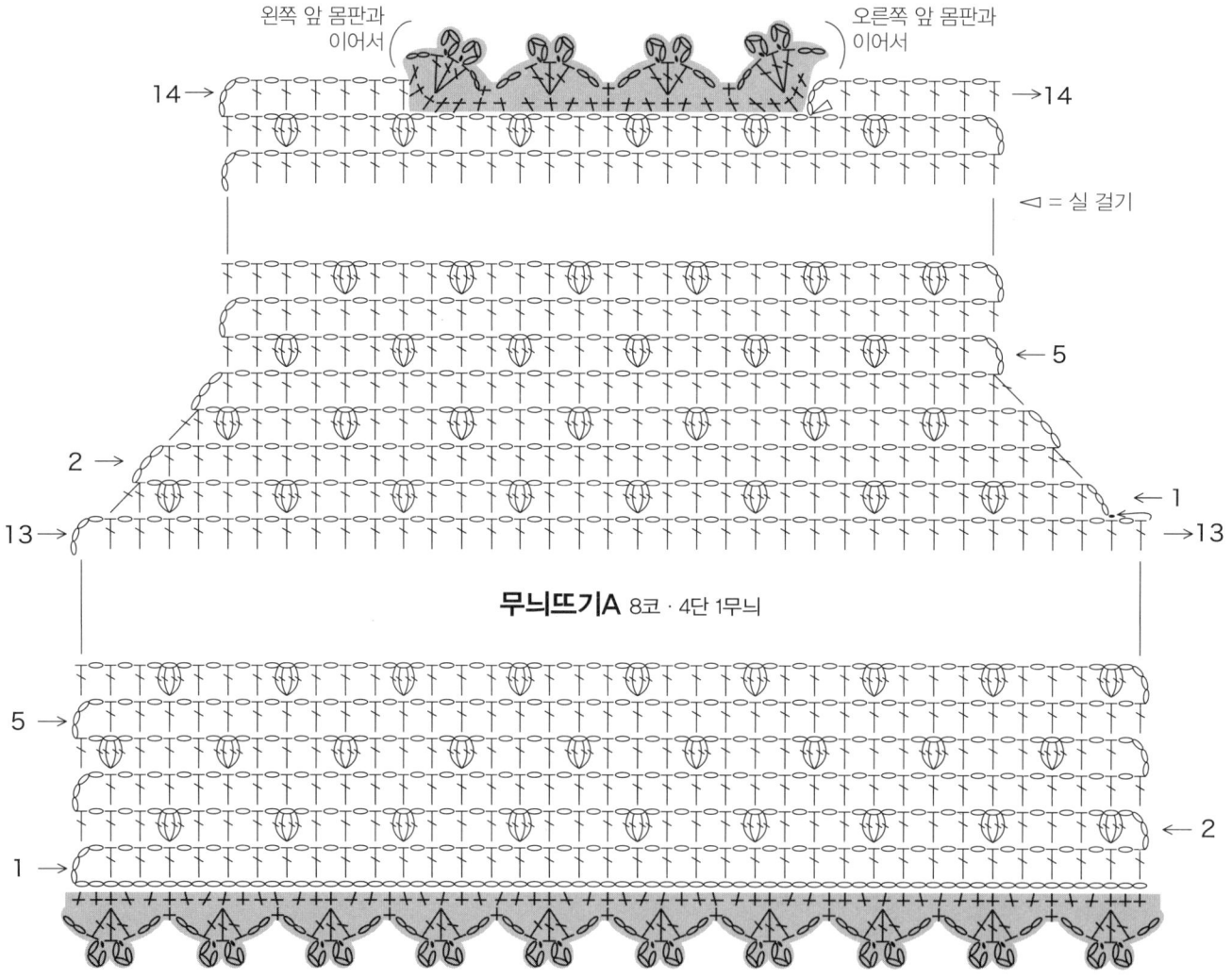

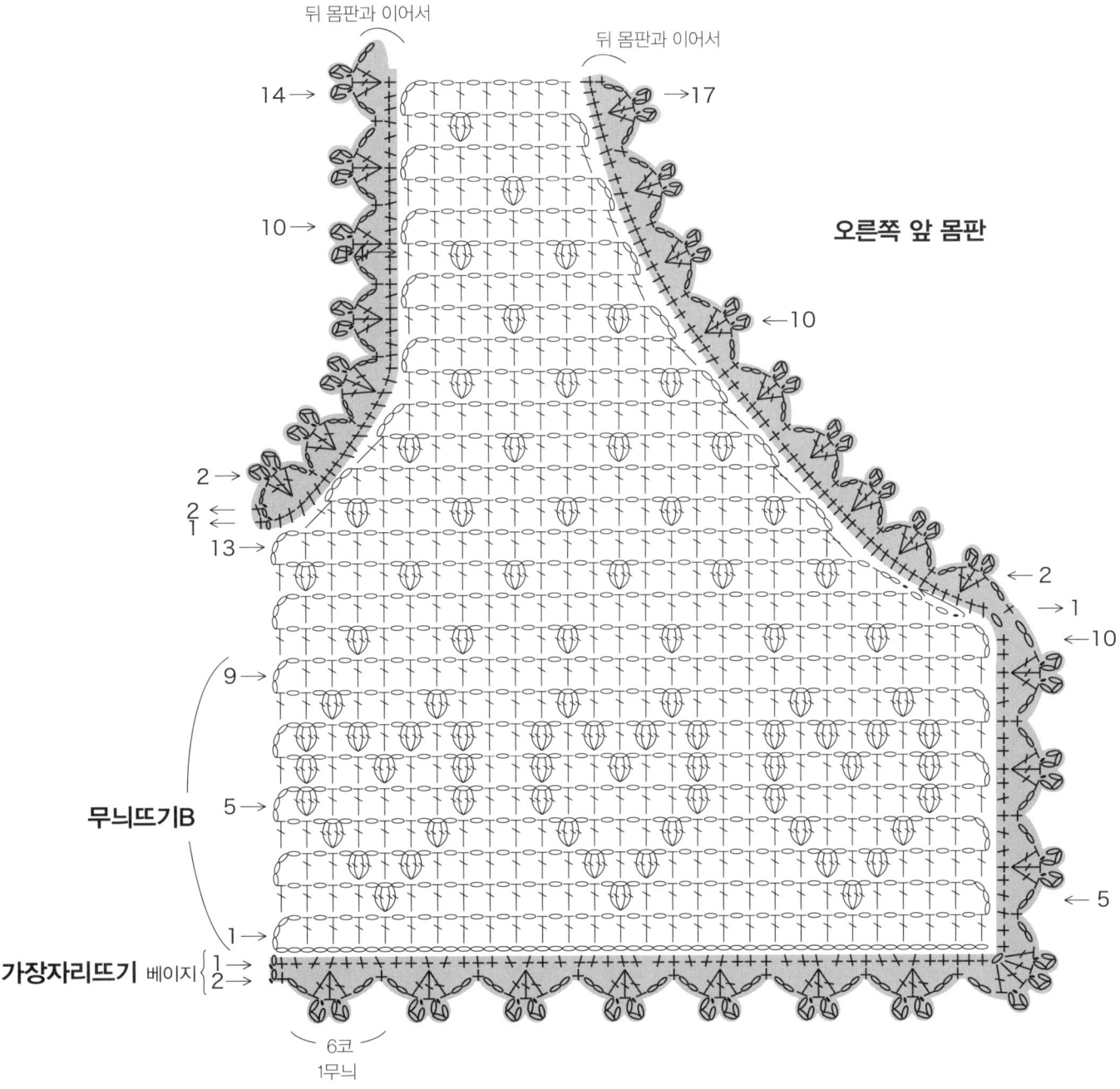

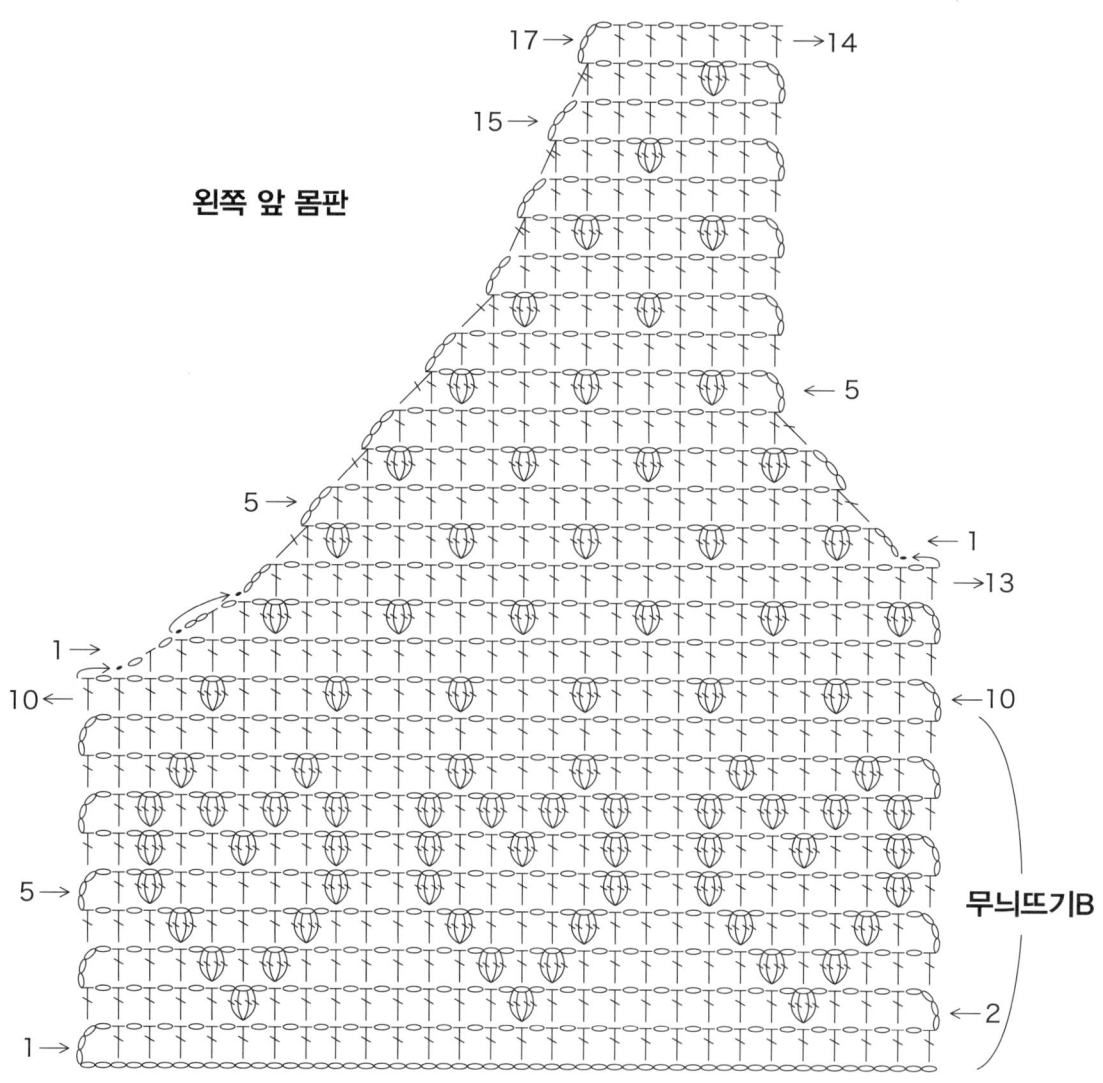

밑단 · 앞단 · 목둘레 · 진동둘레(가장자리뜨기)
베이지

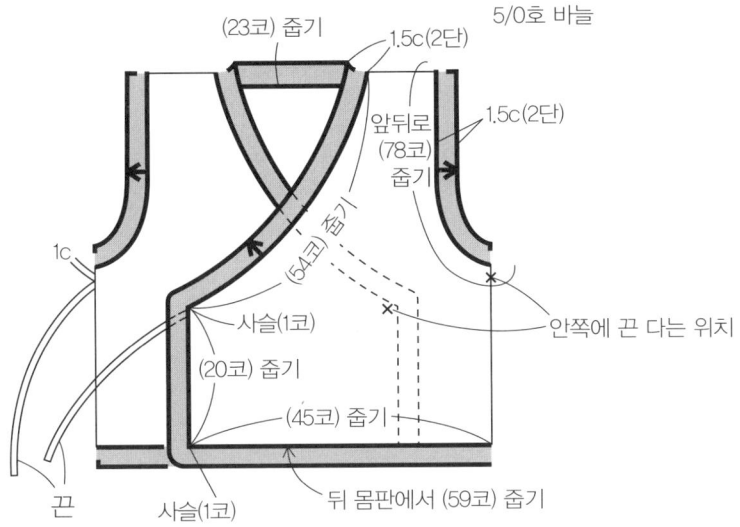

끈(이중 사슬뜨기) 5/0호 바늘

베이지 4개

20c 사슬(60코) 만들기

실 넘겨서 뜨기

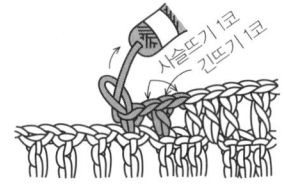
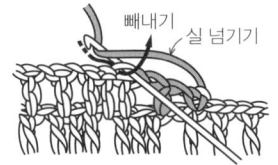

감침질

①

뜨개지의 겉이 보이게 2장을 나란히 맞대고 1길긴뜨기 머리의 사슬을 줍는다.

②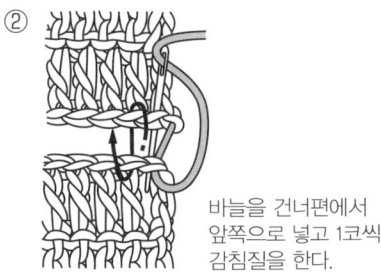

바늘을 건너편에서 앞쪽으로 넣고 1코씩 감침질을 한다.

③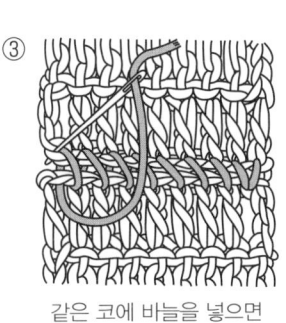

같은 코에 바늘을 넣으면 완성된다.

08 롬퍼스

PHOTO p.12

6~12개월

준비물
실 하마나카 귀여운 아기(병태사) 샌드베이지(25) 140g/4볼
부자재 단추 지름 20mm 2개, 13mm 5개
바늘 대바늘 3.5mm, 코바늘 5/0호

완성 치수 가슴둘레 72cm, 기장 40cm

게이지 가로세로 10cm 메리야스뜨기 21코×27.5단

뜨는 방법 포인트

뒤판·앞판 바지 입구부터 일반코잡기로 코를 잡고 메리야스뜨기를 합니다. 옆선은 바늘비우기와 돌려뜨기로 코 늘리기를 합니다. 그다음 58단을 증감 없이 뜨고, 다리 부분은 실이 있는 오른쪽을 먼저 뜹니다. 그리고 겉뜨기는 겉뜨기로, 안뜨기는 안뜨기로 떠서 덮어씌우기로 코막음을 하여 마무리합니다. 뒤판은 가운데 코를 오른코 겹치기로 뜨면서 덮어씌우기로 코막음을 하고, 왼쪽 다리 부분을 뜹니다.

마무리 옆선은 트임 끝까지 떠서 꿰매기를 하고, 뜨기 시작한 위치, 진동둘레는 겉면에서 빼뜨기, 뜨기 시작한 위치는 빼뜨기코에 짧은뜨기를 합니다. 밑아래는 짧은뜨기로 마무리를 하고, 어깨끈 2개를 떠서 지정된 위치에 공그르기로 달고, 주머니를 답니다.

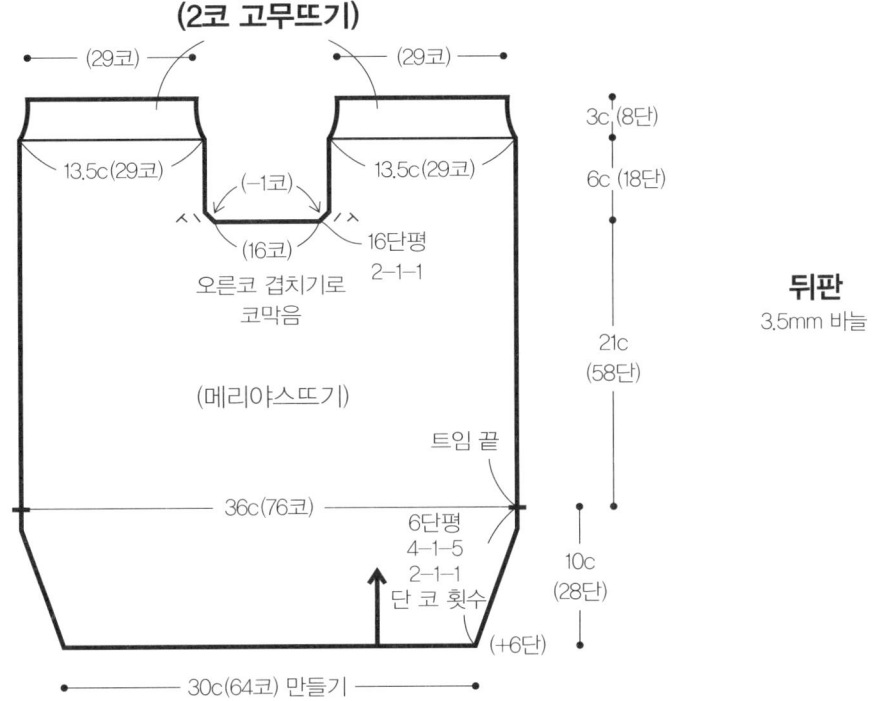

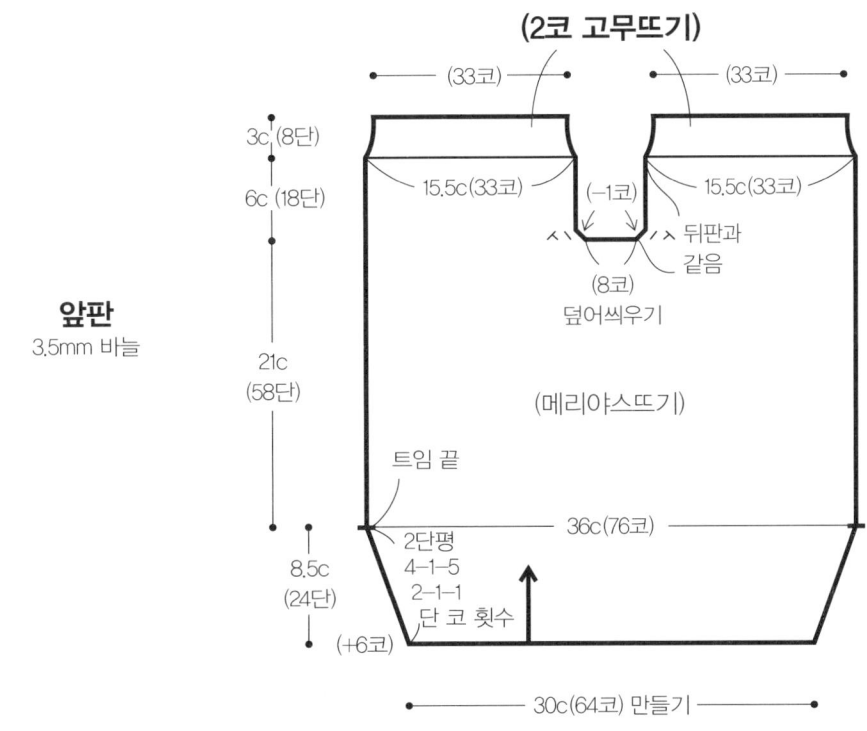

how to make

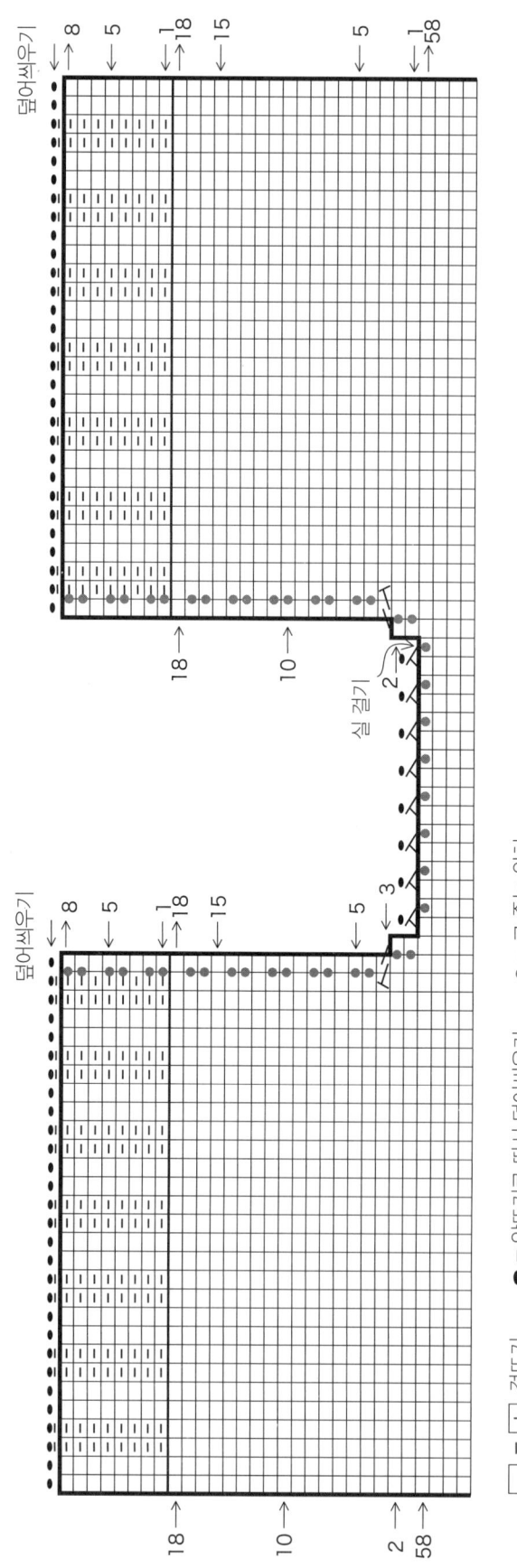

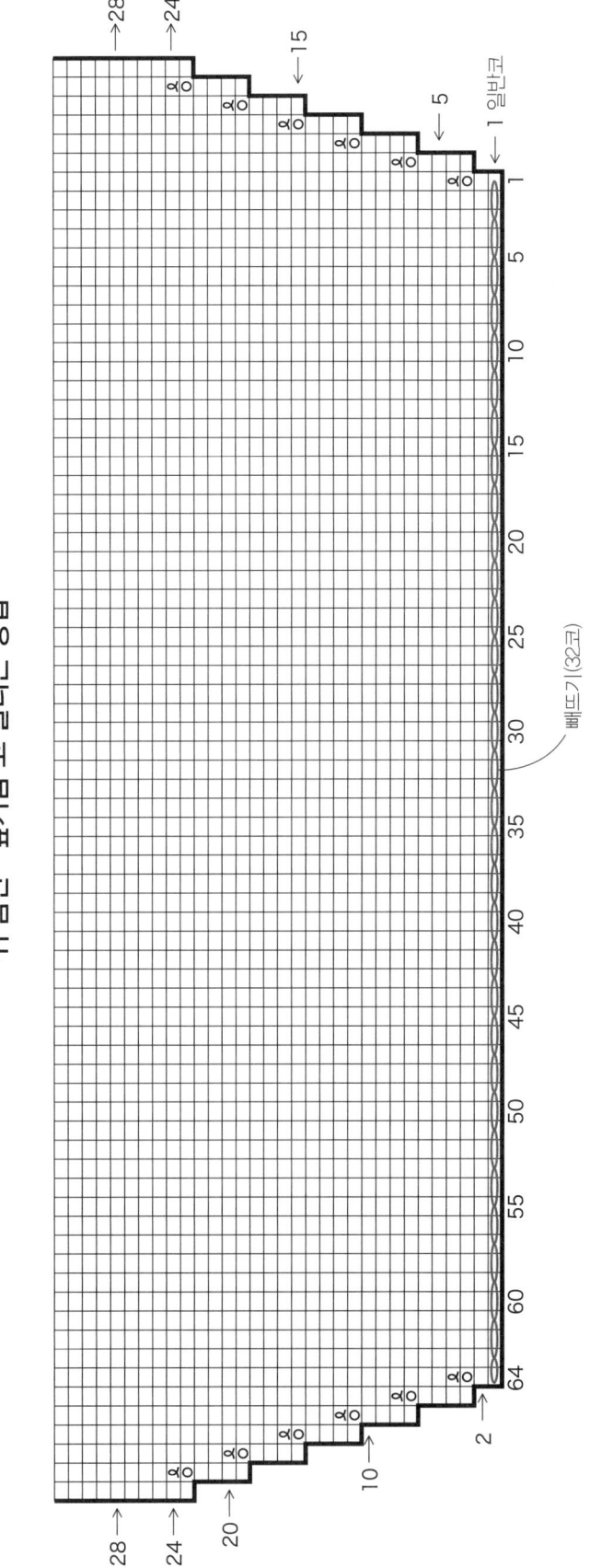

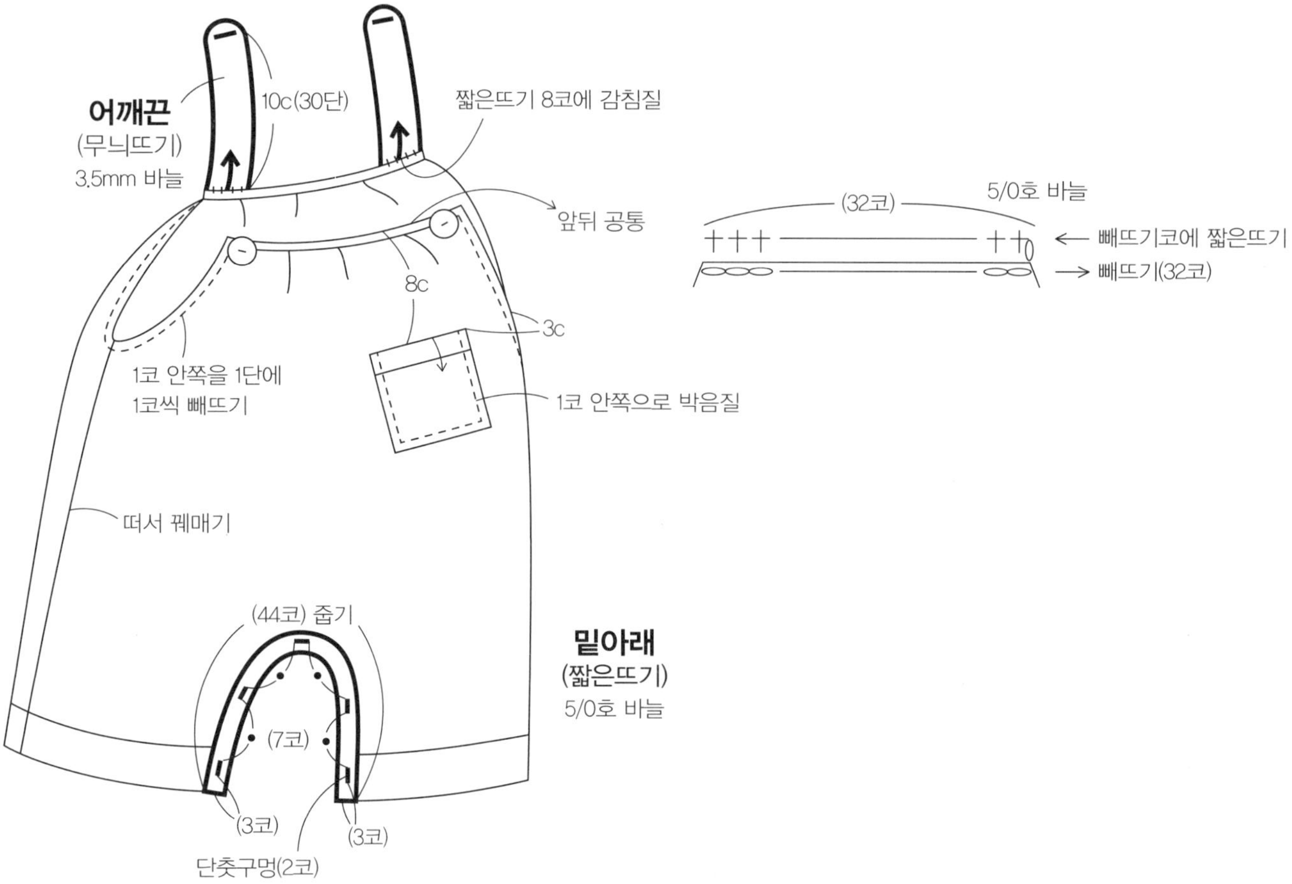

어깨끈
(무늬뜨기)
3.5mm 바늘

10c(30단)

짧은뜨기 8코에 감침질

앞뒤 공통

8c

3c

1코 안쪽을 1단에 1코씩 빼뜨기

1코 안쪽으로 박음질

떠서 꿰매기

(32코) 5/0호 바늘
← 빼뜨기코에 짧은뜨기
→ 빼뜨기(32코)

밑아래
(짧은뜨기)
5/0호 바늘

(44코) 줍기
(7코)
(3코) (3코)
단춧구멍(2코)

단춧구멍(앞 밑아래) 5/0호 바늘

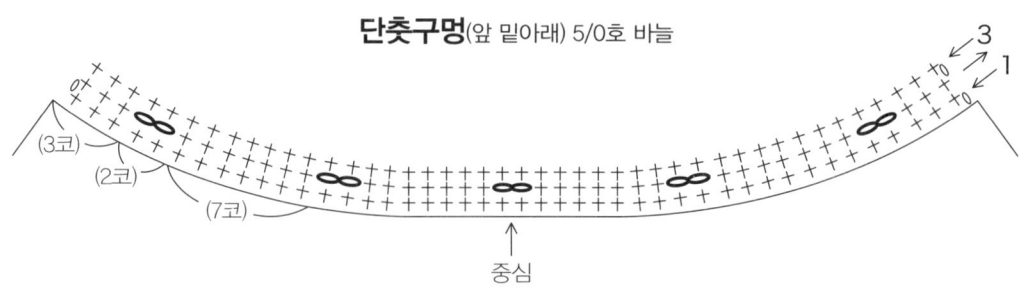

(3코)
(2코)
(7코)
중심

※뒤 밑아래는 짧은뜨기를 3단 뜬다.

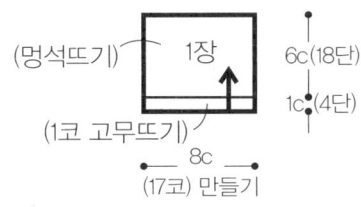

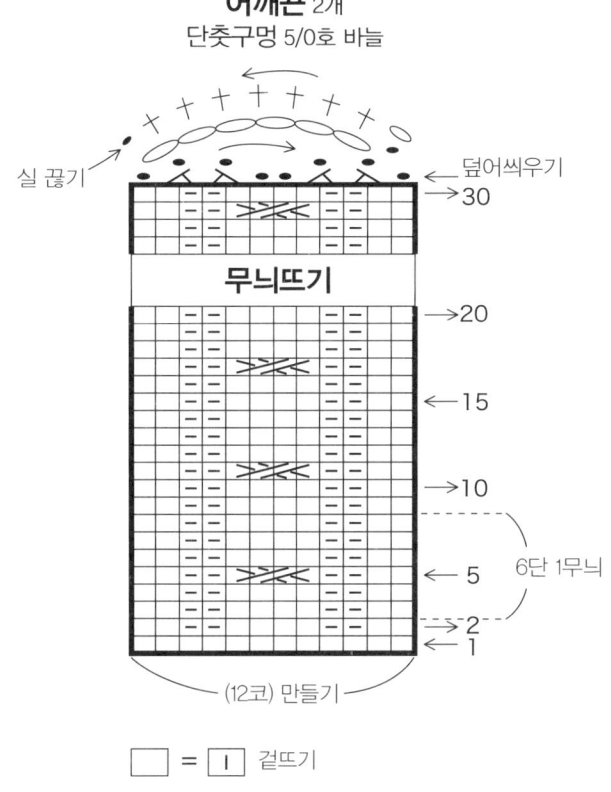

주머니

□ = ﹝ I ﹞ 겉뜨기

주머니 입구 쪽

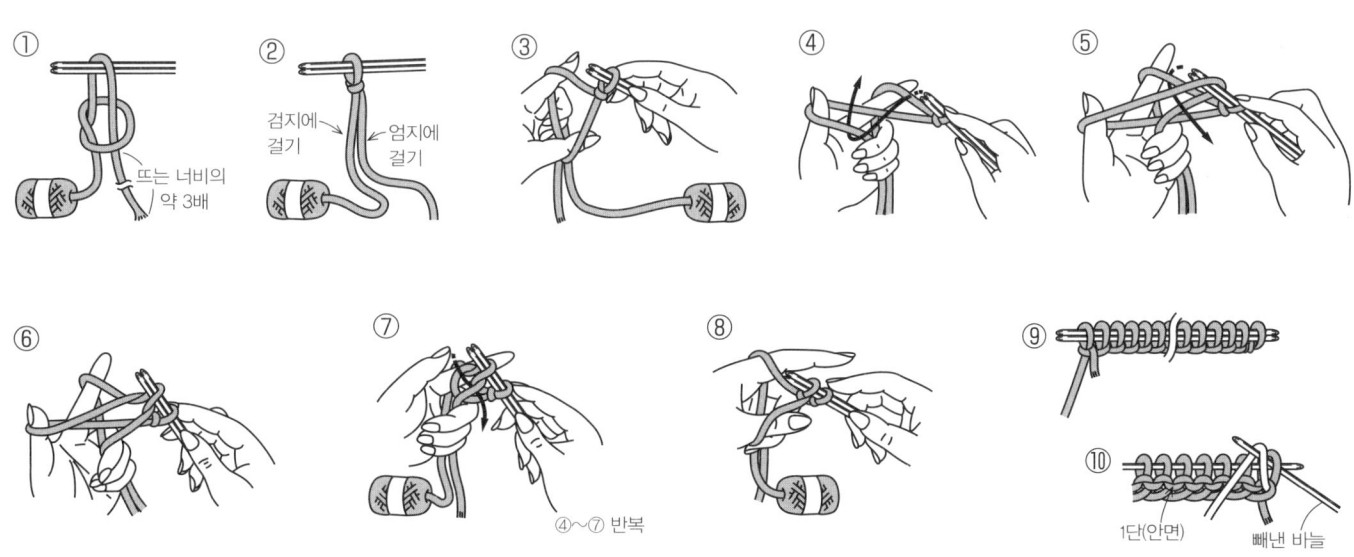

일반코잡기

④~⑦ 반복

PHOTO p.13

베스트 & 슈즈

6~12개월

준비물	**실** 하마나카 포므(광물 염색)(병태사) 베이지(42) [베스트 120g, 슈즈 20g] 140g/6볼, 백아이보리(41) 20g/1볼 **부자재** 지름 18mm 단추 6개 **바늘** 코바늘 5/0호 · 6/0호
완성 치수	**베스트** 가슴둘레 60cm, 어깨너비 22cm, 기장 30cm **슈즈** 그림 참조
게이지	가로세로 10cm 짧은뜨기 20.5코×22단, 무늬뜨기 7.5무늬×10.5단
뜨는 방법 포인트	**베스트** 오른쪽 앞 몸판 · 뒤 몸판 · 왼쪽 앞 몸판은 이어서 시작 사슬코를 만들고, 사슬의 뒷산을 주워서 짧은뜨기 4단을 뜹니다. 그다음 3장으로 나눠 실이 있는 왼쪽 앞 몸판부터 먼저 뜨고, 지정된 위치에 사슬뜨기 3코로 단춧구멍을 만듭니다. 뒤 몸판, 오른쪽 앞 몸판은 실을 걸어서 뜹니다. 밑단의 무늬뜨기는 짧은뜨기의 시작코에서 그림과 같이 코를 주워서 16단 뜹니다. **마무리** 어깨는 겉이 보이게 나란히 맞대고 감침질을 합니다. 앞단 · 목둘레 · 진동둘레는 겉에서 빼뜨기로 마무리합니다.

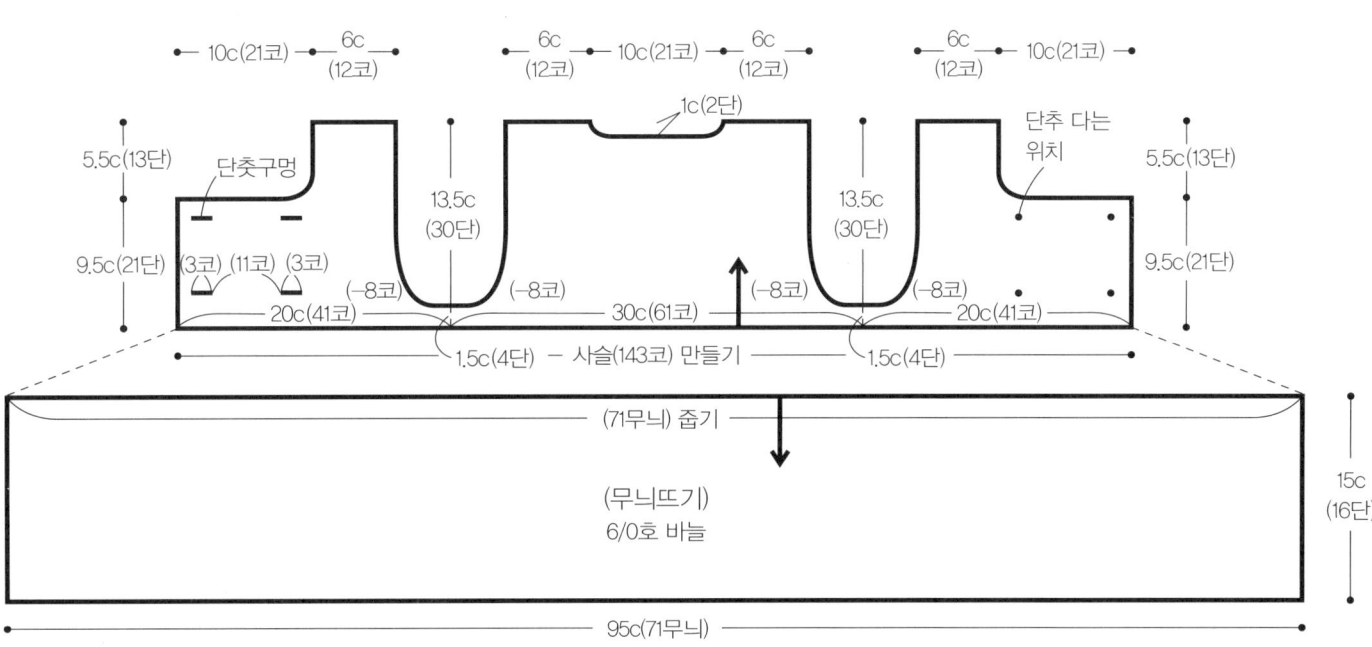

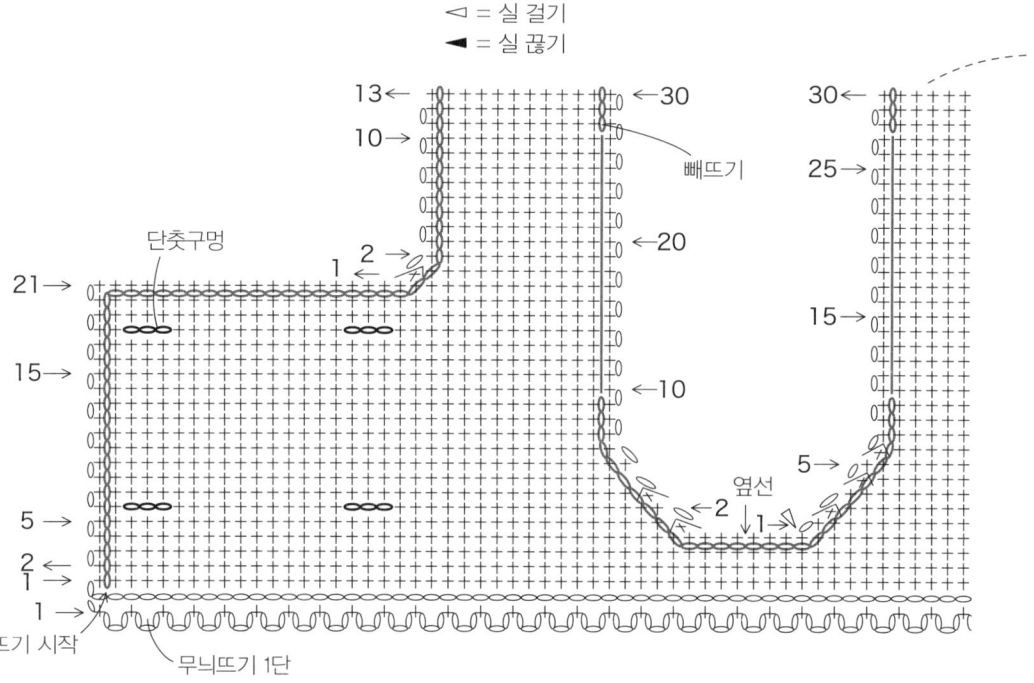

왼쪽 앞 몸판

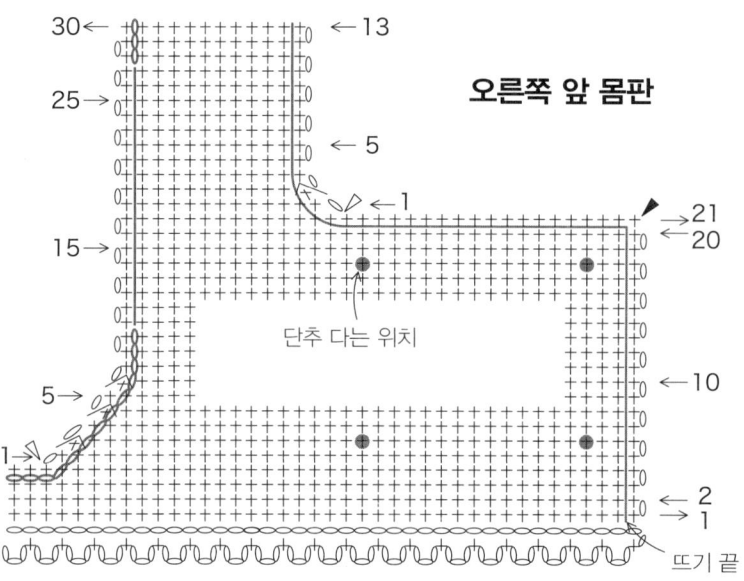

오른쪽 앞 몸판

뒤 몸판

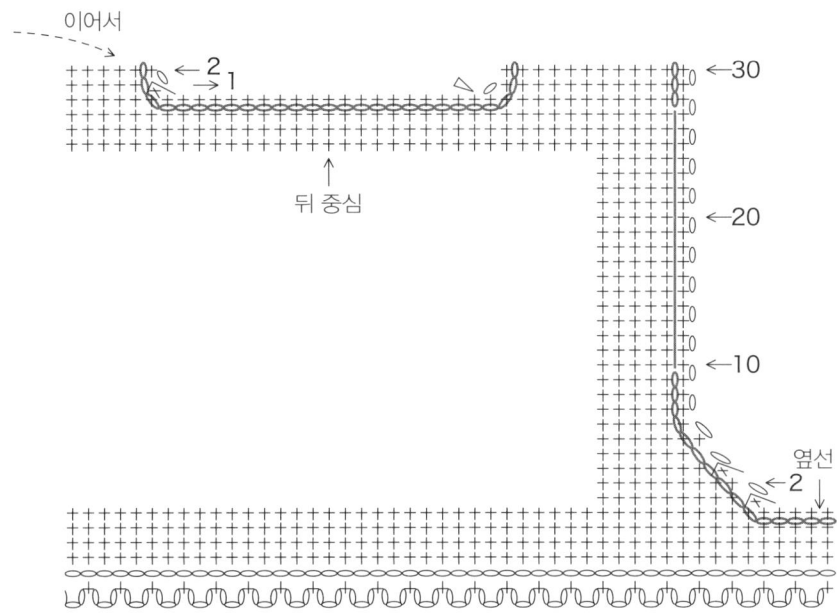

무늬뜨기

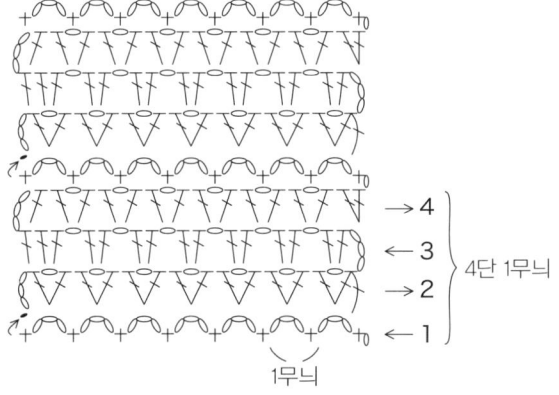

※2단은 전단의 사슬코를 갈라서 뜬다.
※4단은 전단의 사슬을 다발로 주워서 뜬다.

앞단·목둘레·진동둘레(빼뜨기)
5/0호 바늘

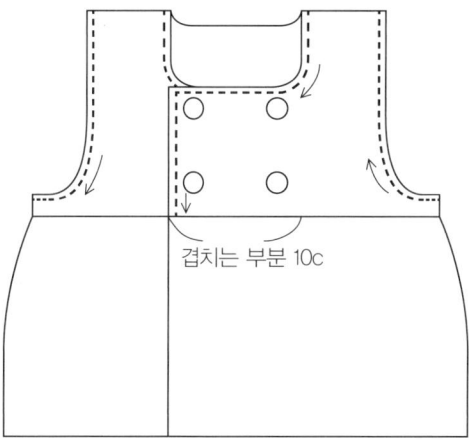

※빼뜨기는 1코 안쪽을 1단에 1코씩 뜬다.

슈즈

바닥은 시작 사슬코를 만들고, 사슬을 주워서 그림과 같이 뜹니다. 발목·발등은 따로 시작 사슬코를 만듭니다. 바닥은 같은 방법으로 2장, 발목·발등은 대칭으로 2장 뜹니다.

마무리 • 바닥과 발목·발등을 맞춰서 감침질합니다.

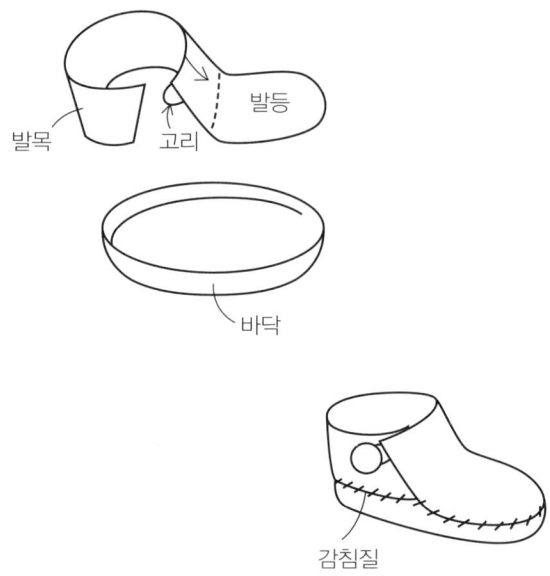

단추 달기

 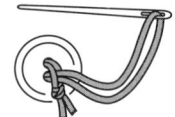

실 2가닥의 끝을 묶고, 단추 뒤에서 바늘을 통과시켜 실의 원 안으로 끼운다.

 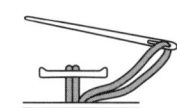

뜨개지에 꿰매 달고, 뜨개지의 두께와 같은 두께로 다리의 길이를 정한다.

다리의 밑동에 실을 감는다.

 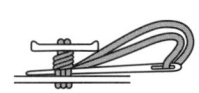

감은 것이 풀리지 않도록 다리에 바늘을 통과시킨다.

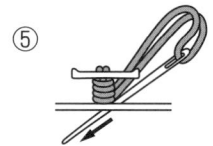

바늘을 뜨개지의 안면으로 빼내고, 실 끝을 처리한다.

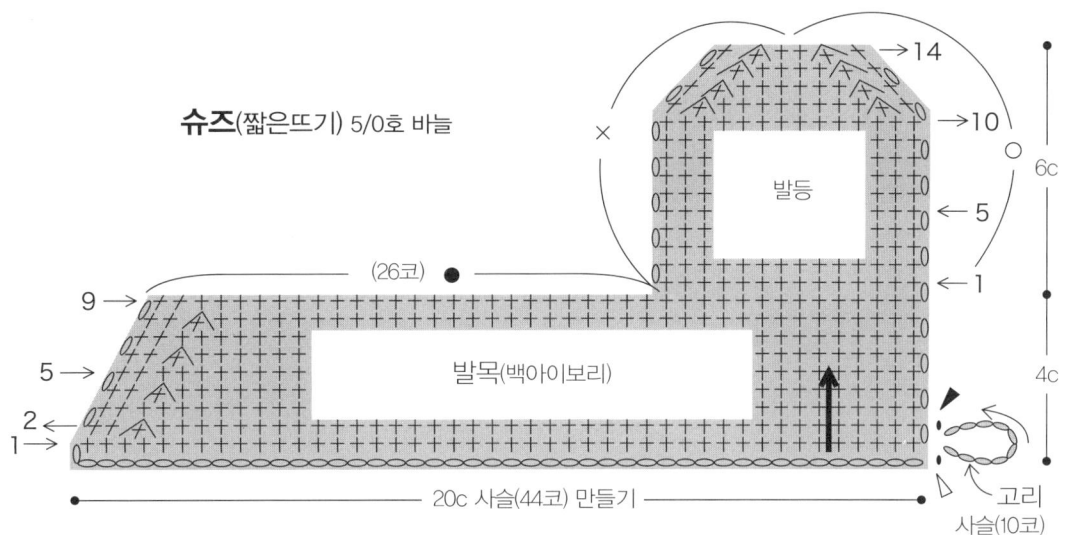

※왼쪽은 대칭으로 뜬다.

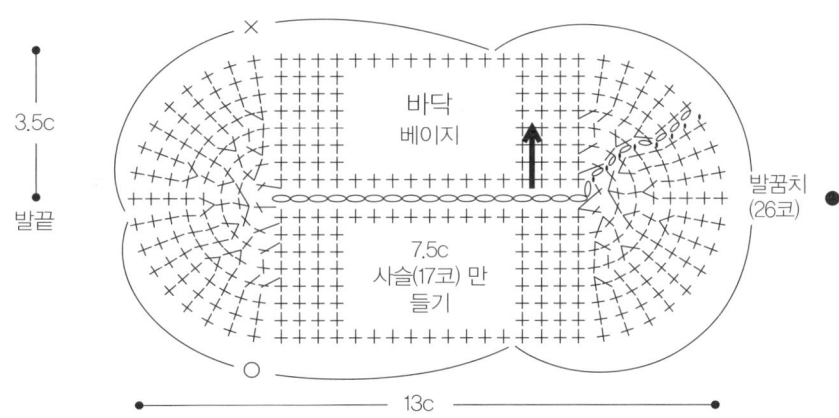

짧은뜨기 2코 모아뜨기

 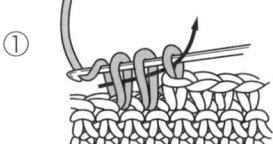 

10 PHOTO p.14

색 코트

6~12개월

준비물	**실** 하마나카 소노모노 알파카 울(병태) 옅은 갈색(62) 160g/4볼
	부자재 폭 15mm의 꽃 모양 단추 3개
	바늘 대바늘 4mm · 4.5mm
완성 치수	가슴둘레 52cm, 어깨너비 20cm, 기장 29cm, 소매 기장 21cm
게이지	가로세로 10cm 메리야스뜨기 19코×28단, 1코 고무뜨기 25코×28단
뜨는 방법 포인트	**뒤 몸판** 밑단부터 일반코잡기로 코를 잡아 메리야스뜨기를 뜨고, 6단은 안뜨기로 뜹니다. 이어서 요크는 1코 고무뜨기로 뜨고, 마지막 단은 코를 줄이고, 어깨는 쉼코로 둡니다. 가운데 코는 실을 걸어서 겉뜨기는 겉뜨기로, 안뜨기는 안뜨기로 뜨고 덮어씌워서 코막음을 합니다. 이어서 왼쪽 어깨를 같은 방법으로 뜹니다. **앞 몸판** 뒤 몸판과 같은 방법으로 코를 잡고, 앞끝 3번째 코는 안뜨기로 뜨고, 대칭으로 2장 뜹니다. **마무리** 어깨는 겉끼리 맞대어 빼뜨기 잇기를 합니다. 소매는 몸판에서 주워서 뜨고 마지막에 겉뜨기는 겉뜨기로, 안뜨기는 안뜨기로 떠서 덮어씌우기로 코막음을 합니다. 옆선 · 소매 옆선은 떠서 꿰매기를 합니다. 방울을 2개 만들어 소맷부리에 답니다.

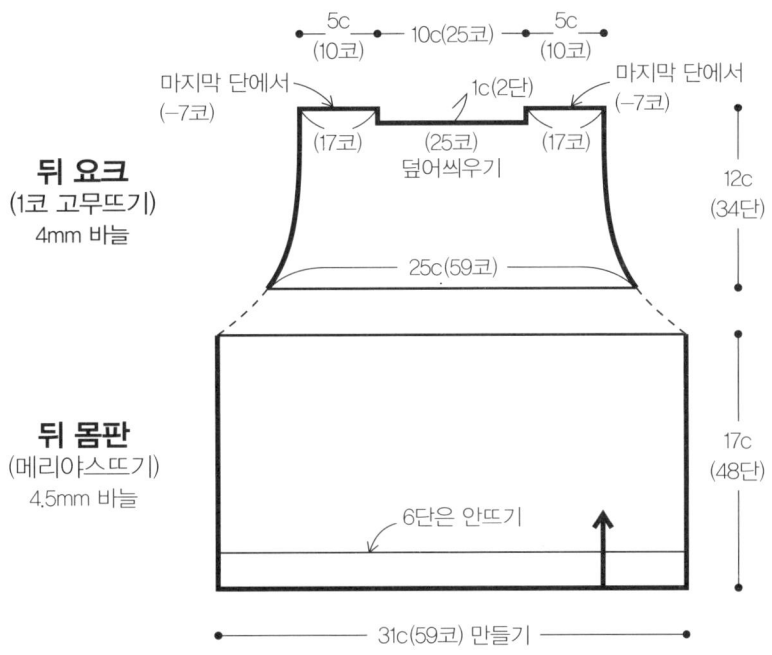
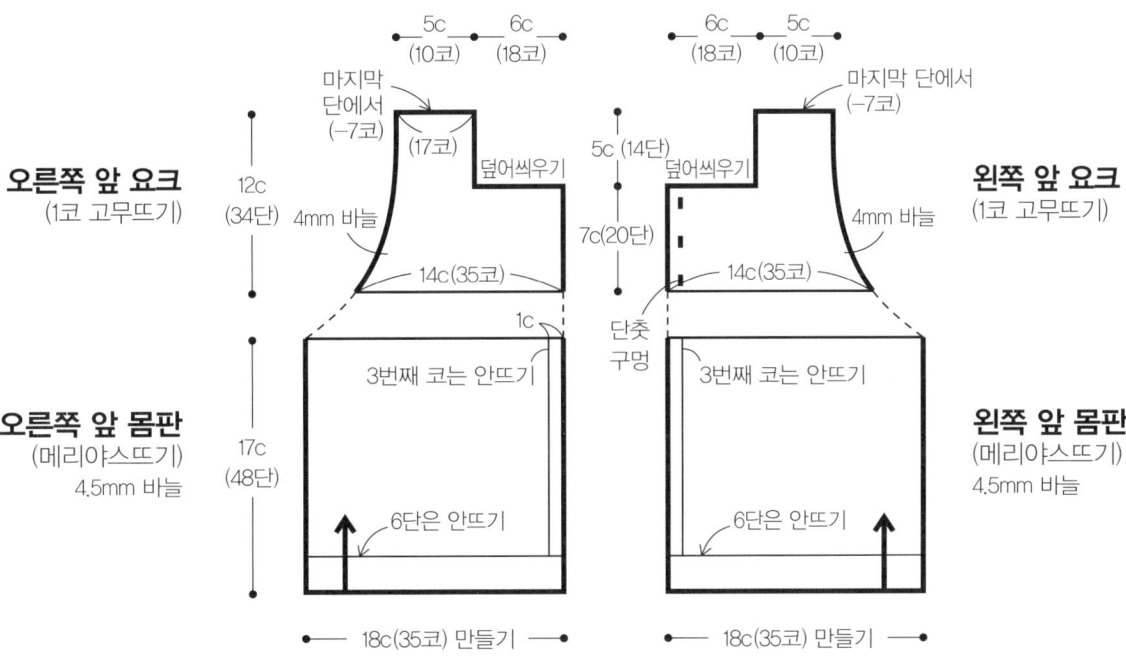

방울 만드는 방법

①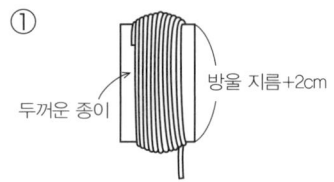
두꺼운 종이 / 방울 지름+2cm

②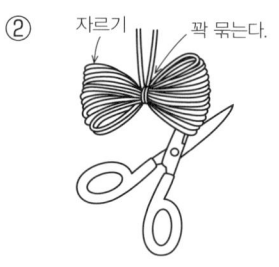
자르기 / 꽉 묶는다.

③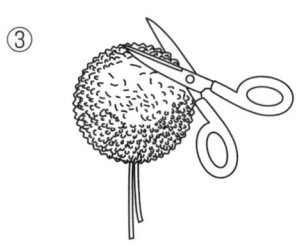

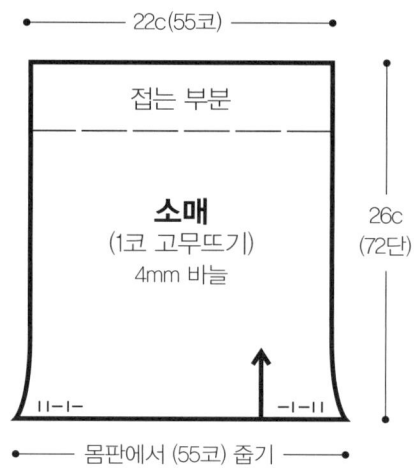

22c(55코)
접는 부분
소매
(1코 고무뜨기)
4mm 바늘
26c (72단)
몸판에서 (55코) 줍기

※방울은 6.5c의 두꺼운 종이에 60회 감는다.

완성 그림

지름 약 4.5c
방울 달기
빼뜨기 잇기
떠서 꿰매기
자연스럽게 말린다.

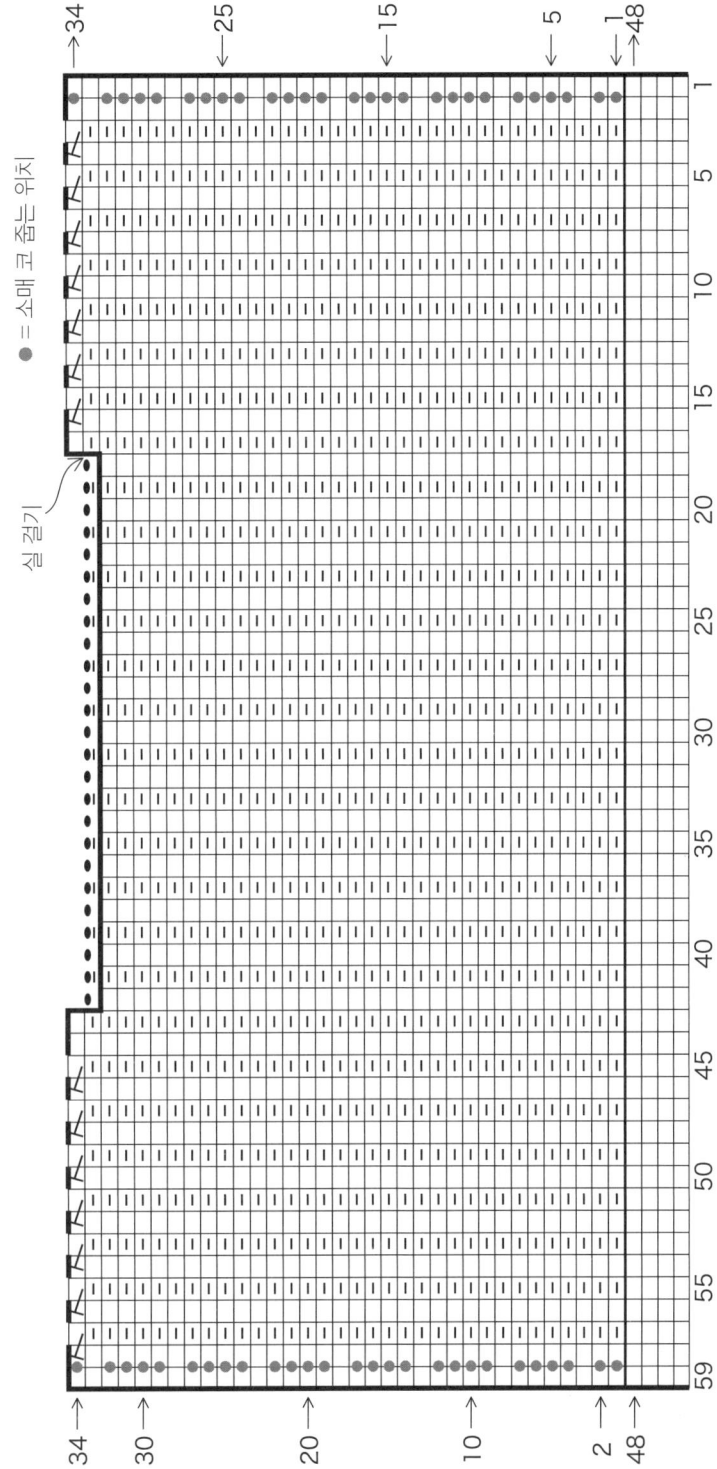

오른쪽 앞 요크

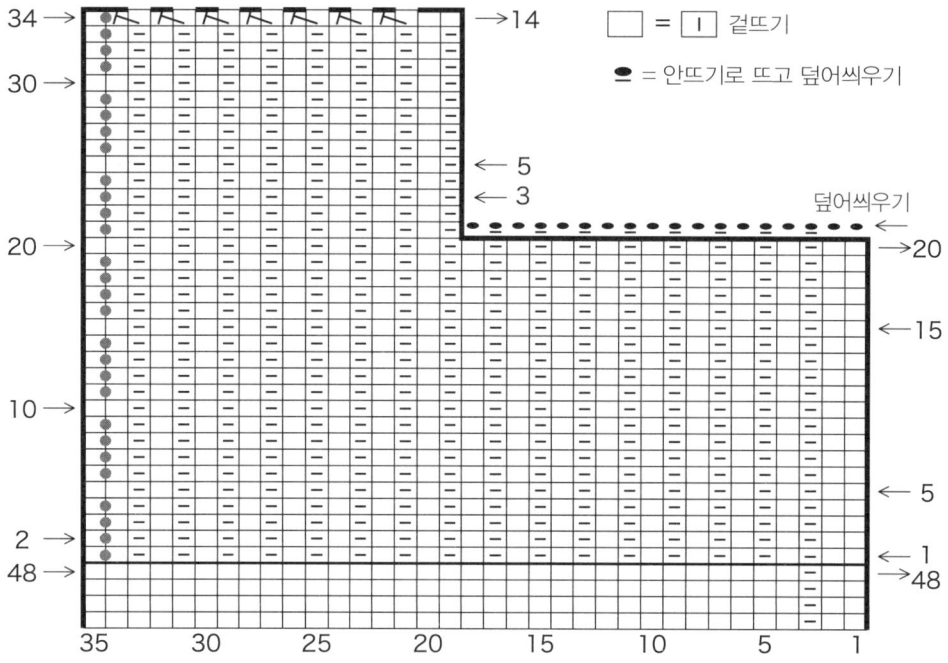

빼뜨기 잇기

뜨개시의 겉끼리 맞댑니다.

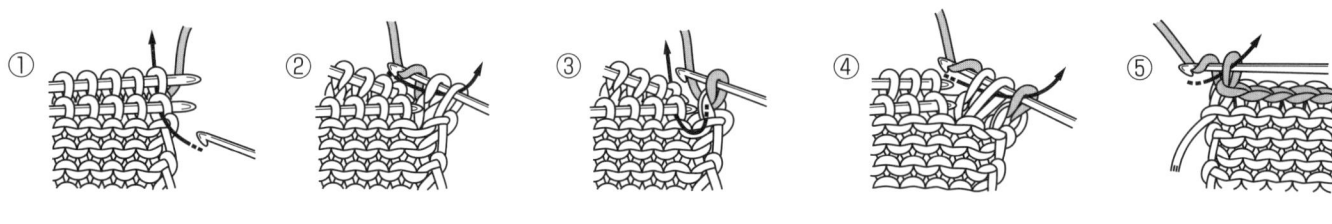

떠서 꿰매기

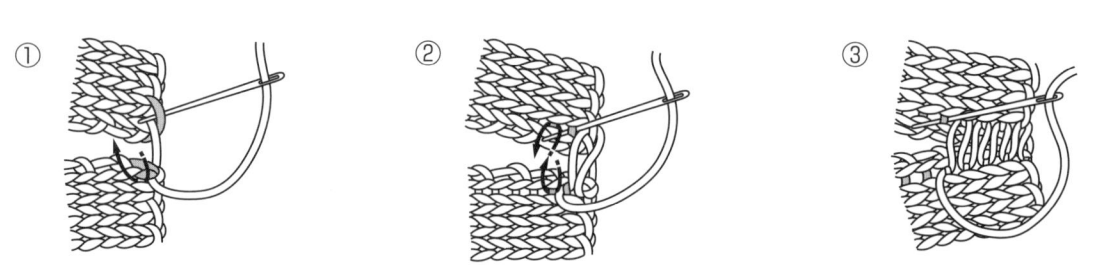

왼쪽 앞 요크

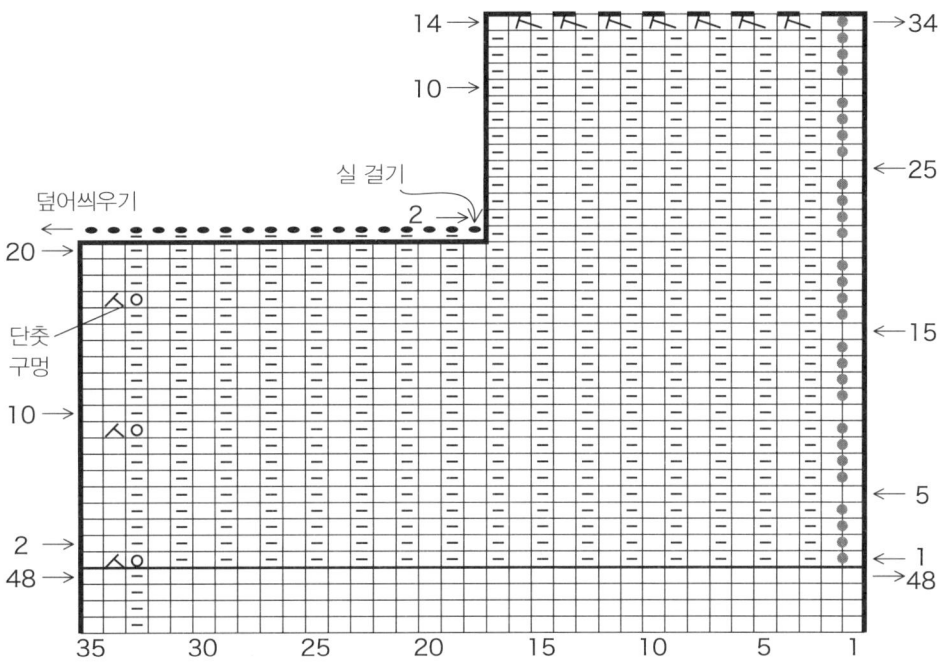

● = 소매 코 줍는 위치

덮어씌우기

1코 고무뜨기일 경우

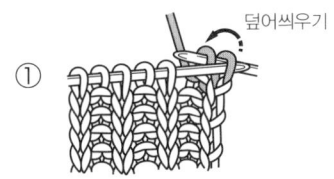

① 끝코의 겉뜨기는 겉뜨기, 다음의 안뜨기는 안뜨기로 뜨고, 오른쪽 코를 덮어씌운다.

② 다음의 겉뜨기는 겉뜨기로 뜨고, 오른쪽 바늘의 코를 덮어씌운다.

③ 안뜨기는 안뜨기, 겉뜨기는 겉뜨기를 떠서 덮어씌우고, 마지막 코는 실끝을 통과시켜 당겨서 조인다.

11

PHOTO p.15

판초

6~12개월

준비물	**실** 하마나카 소프티 트위드(병태사) 크림베이지(1) 90g/3볼 **부자재** 지름 22mm 싸개단추 2개 **바늘** 대바늘 4mm · 3.5mm, 코바늘 6/0호
완성 치수	밑단 둘레 86cm, 기장 21cm
게이지	가로세로 10cm 메리야스뜨기 18코×23.5단, 무늬뜨기 23.5코×24.5단
뜨는 방법 포인트	무늬뜨기는 일반코잡기로 코를 잡고 168단을 뜨고 겉뜨기는 겉뜨기로, 안뜨기는 안뜨기로 떠서 덮어씌우기로 코막음을 합니다. 메리야스뜨기는 무늬뜨기 단에서 그림을 참조해 코를 줍고, 등분 코늘림을 해서 뜨고 덮어씌우기 코막음을 합니다. 2코 고무뜨기도 무늬뜨기 단에서 그림을 참조해 코를 주워서 12단 뜨고, 2코 고무뜨기 코막음을 합니다. 단춧구멍은 2코 고무뜨기 위치에 실을 걸어서 사슬 6코를 뜨고 빼뜨기를 하고, 사슬의 뒷산을 주워서 빼뜨기를 합니다. 단추는 실감아 원형코를 만들고, 안을 겉으로 해서 싸개단추를 넣고 오므립니다.

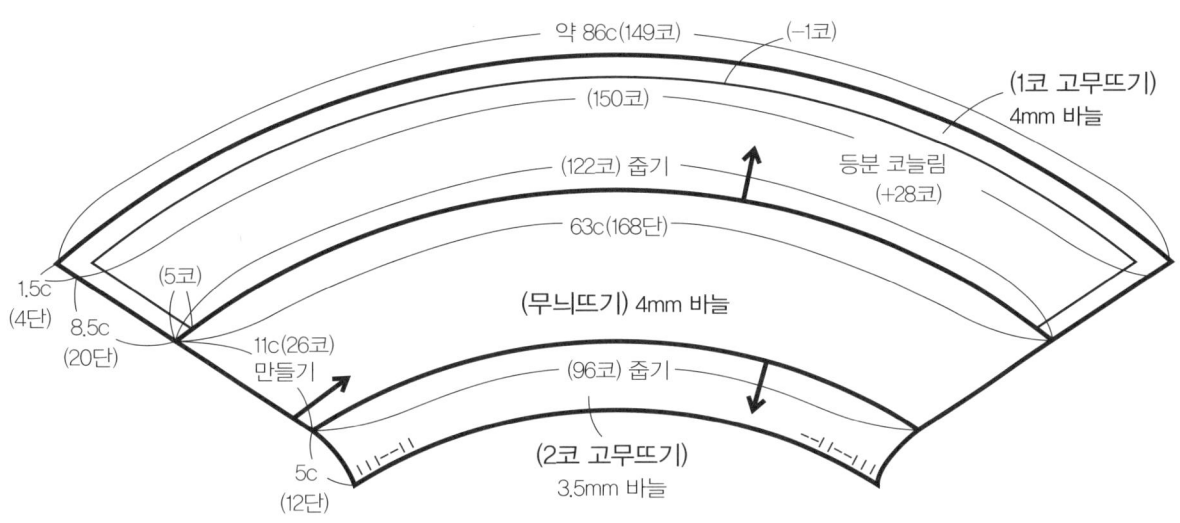

오른코위 3코 교차뜨기

① 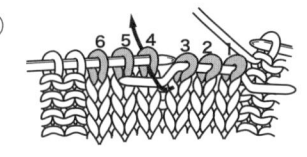　② 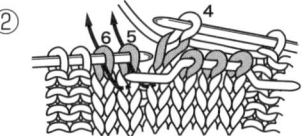　③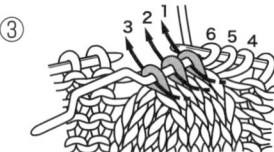

끌어올리기

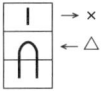

① 　② 　③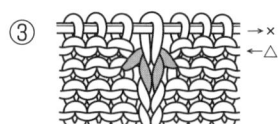

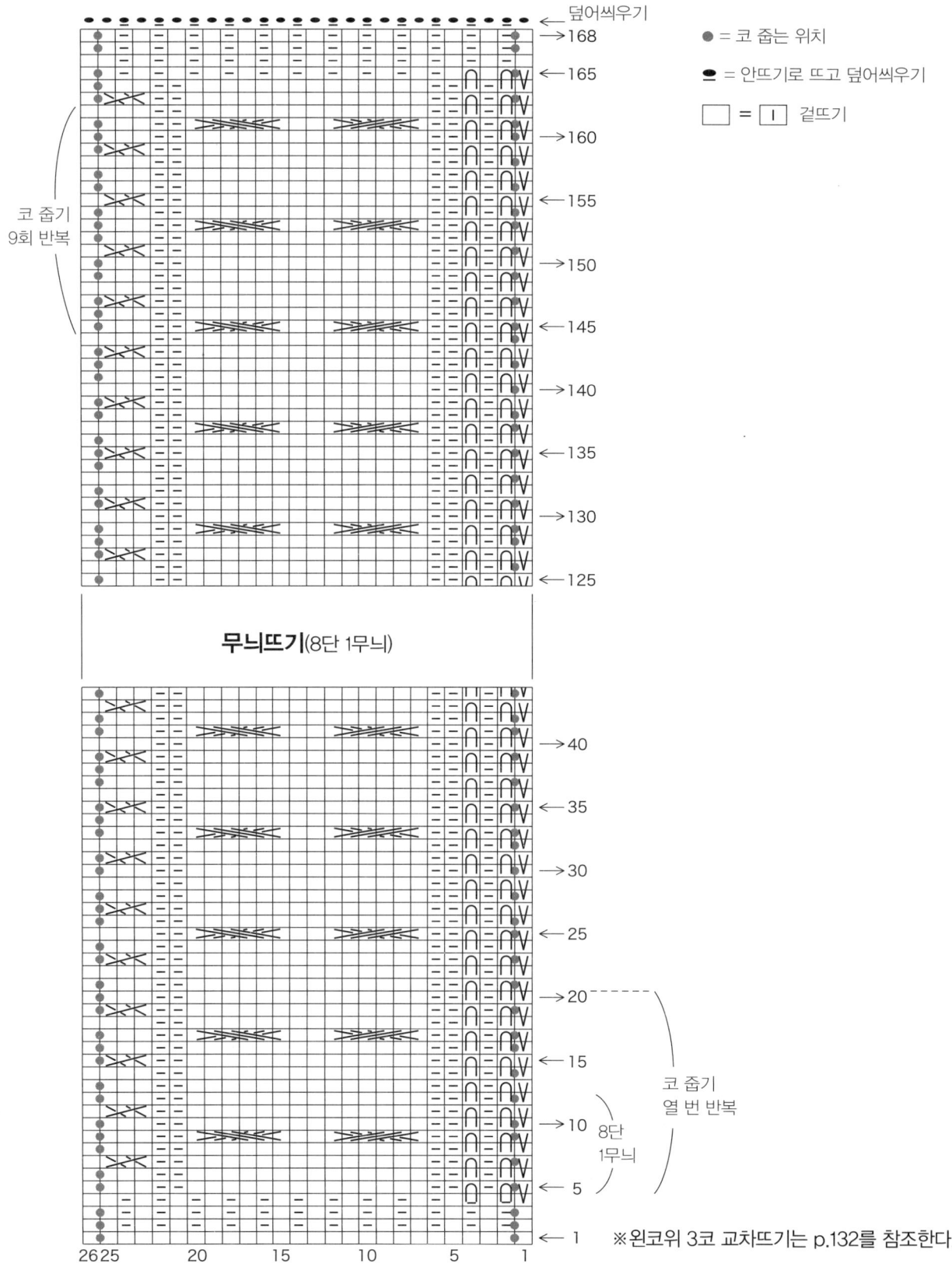

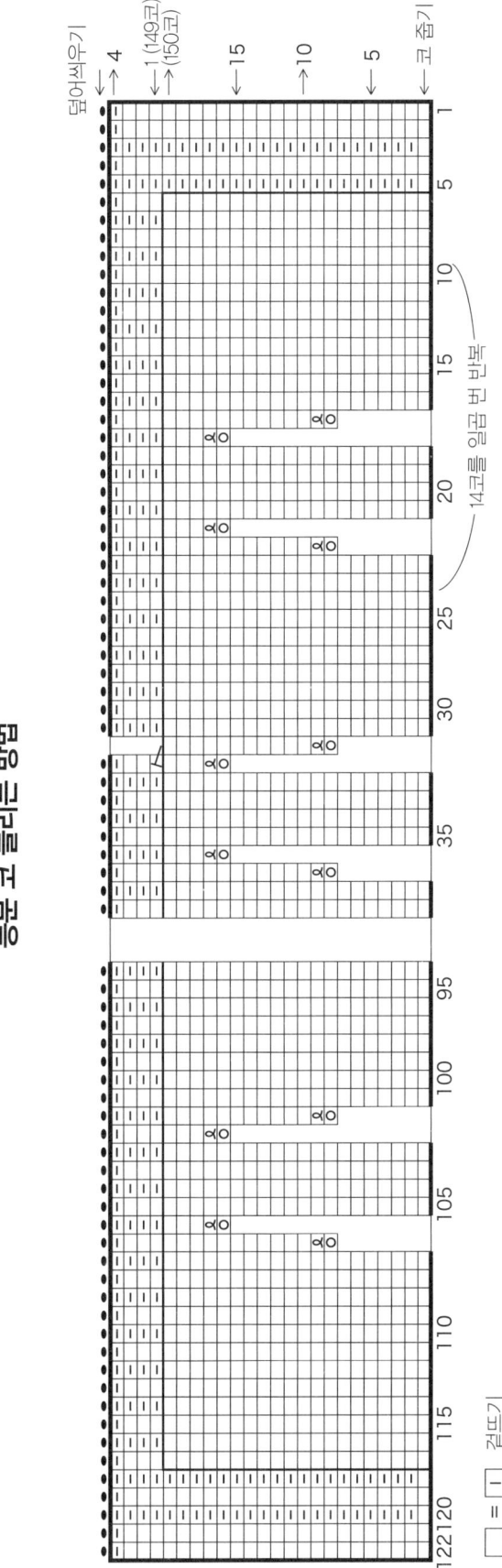

단추 고리(이중 사슬뜨기)
6/0호 바늘

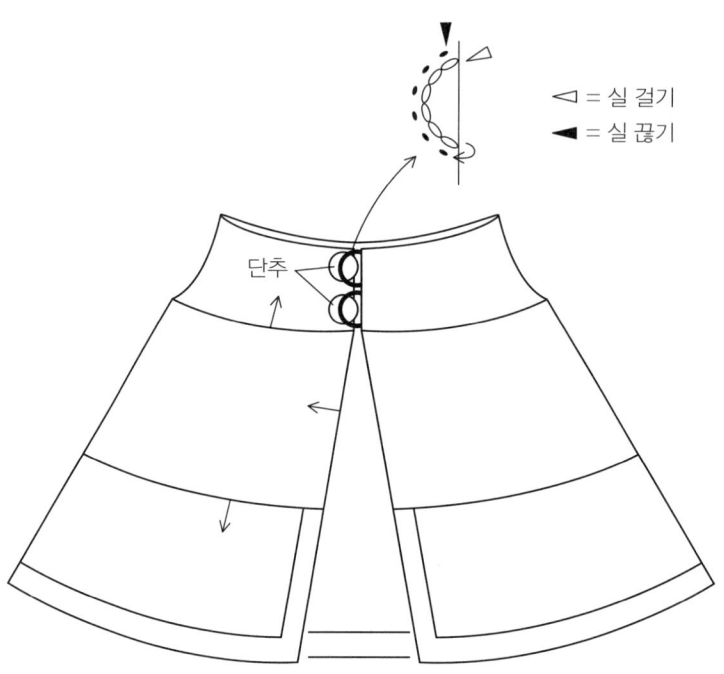

◁ = 실 걸기
◀ = 실 끊기

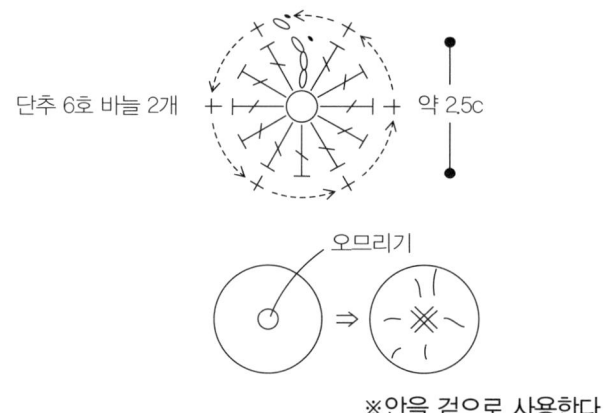

단추 6호 바늘 2개 약 2.5c

오므리기

※안을 겉으로 사용한다.

2코 고무뜨기 코막음

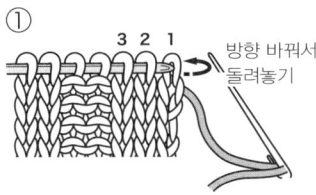

① 끝 1코는 코의 방향을 바꾼 후 다음 코와 함께 줍는다.

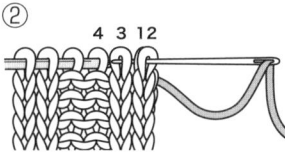

② 1과 2의 코 앞으로 바늘을 넣고, 3의 코 뒤에서 빼낸다.

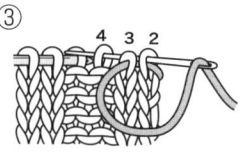

③ 다시 2의 코에서 넣고, 4의 앞에서 뒤로 빼낸다.

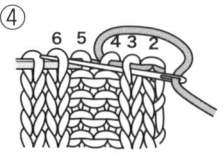

④ 3의 코에서 5를 건너뛰고 6의 코 앞으로 빼낸다.

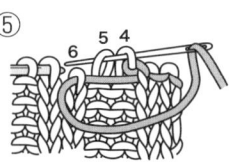

⑤ 안뜨기끼리. 4의 코 뒤에서 5의 코 앞으로 바늘을 통과시킨다.

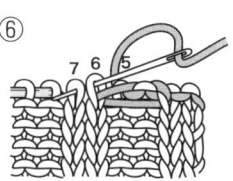

⑥ 겉뜨기끼리. 6의 코 앞에서 넣고, 7의 코 앞으로 빼낸다.

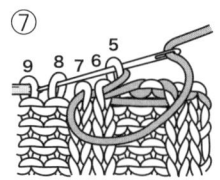

⑦ 안뜨기끼리. 5의 코 뒤에서 8의 코 바로 앞으로 바늘을 넣는다. ④~⑦을 반복한다.

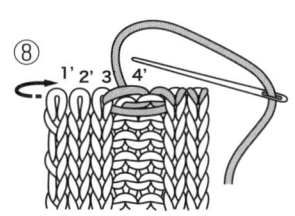

⑧ 끝 코의 방향을 바꿔서 옆의 코와 함께 줍는다.

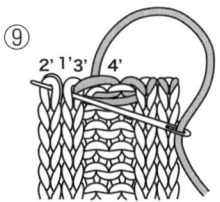

⑨ 3에서 1과 2로 빼낸다.

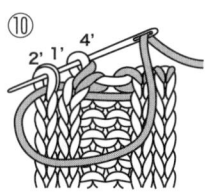

⑩ 4에서 1로 한 번 더 빼낸다.

PHOTO p.17

점퍼스커트 & 팬츠

12~18개월

| 준비물 | **실** 하마나카 포므(광물 염색)(병태사) 12 라이트 그레이(45) [점퍼스커트 220g, 팬츠 50g] 270g/11볼, 13 살몬핑크(43) [점퍼스커트 210g, 팬츠 50g] 260g/11볼 12·13 프로방스 옐로우(41) 각 10g/각 1볼
부자재 지름 8mm 단추 각 4개, 폭 20mm의 고무줄 각 50cm
바늘 코바늘 5/0호 |

완성 치수 **점퍼스커트** 가슴둘레 57cm, 어깨너비 23.5cm, 기장 40.5cm(12/18개월), 36.5cm(12~13개월)
팬츠 허리둘레 48cm, 기장 26.5cm
※지정된 것 외에는 공통

게이지 가로세로 10cm 무늬뜨기A 22코×9단, 무늬뜨기B 20코×9단

뜨는 방법 포인트
점퍼스커트 스커트는 시작 사슬코를 만들고, 사슬 뒷산을 주워서 무늬뜨기A로 뜹니다. 요크는 스커트의 시작코에서 주워서 뜹니다.
마무리 어깨는 감침질. 옆선은 '빼뜨기1코, 사슬뜨기2코'로 꿰맵니다. 뒤트임 처리를 하고, 목둘레·진동둘레를 가장자리뜨기A, 밑단은 가장자리뜨기B로 뜹니다. 모티브를 만들어서 답니다.

점퍼스커트 5/0호 바늘

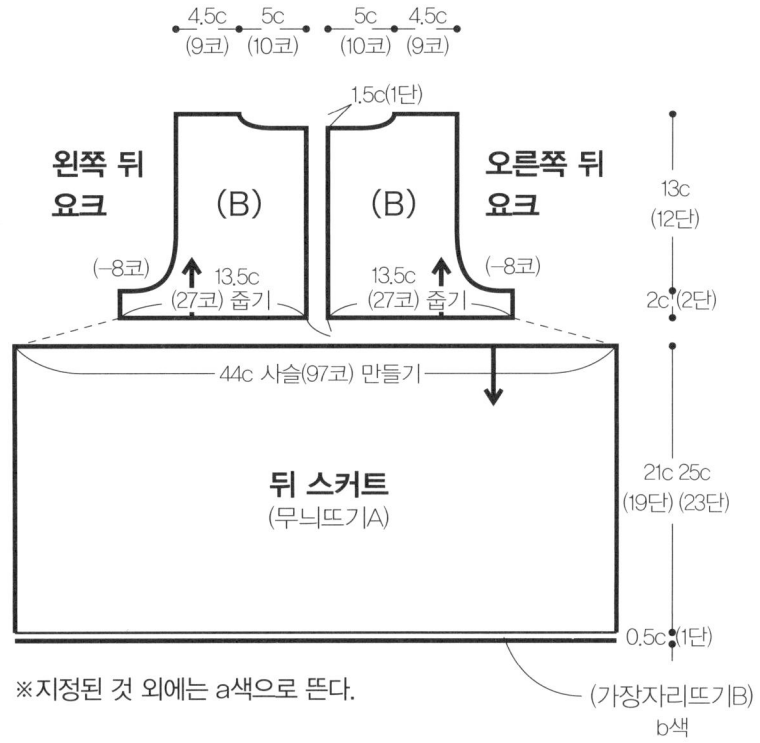

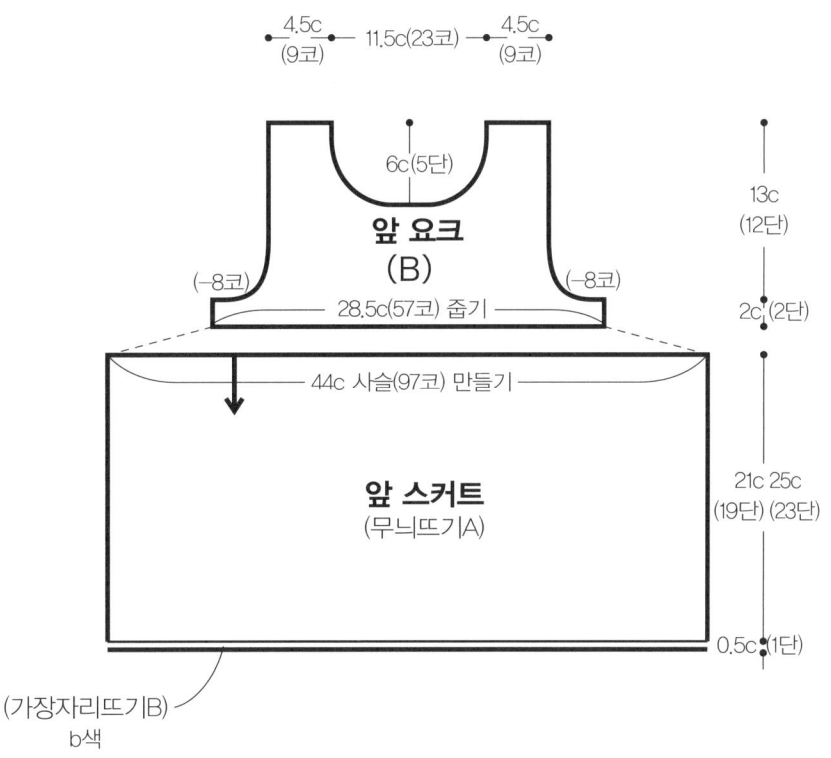

※지정된 것 외에는 a색으로 뜬다.

조개무늬뜨기

밑동이 떨어져 있는 경우 전 단의 사슬뜨기를 전부 줍는 것을 '다발로 줍는다'고 한다.

①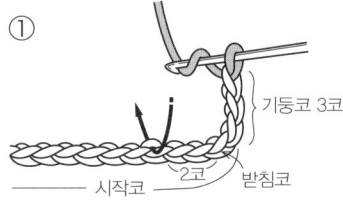

②

③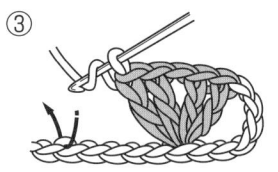

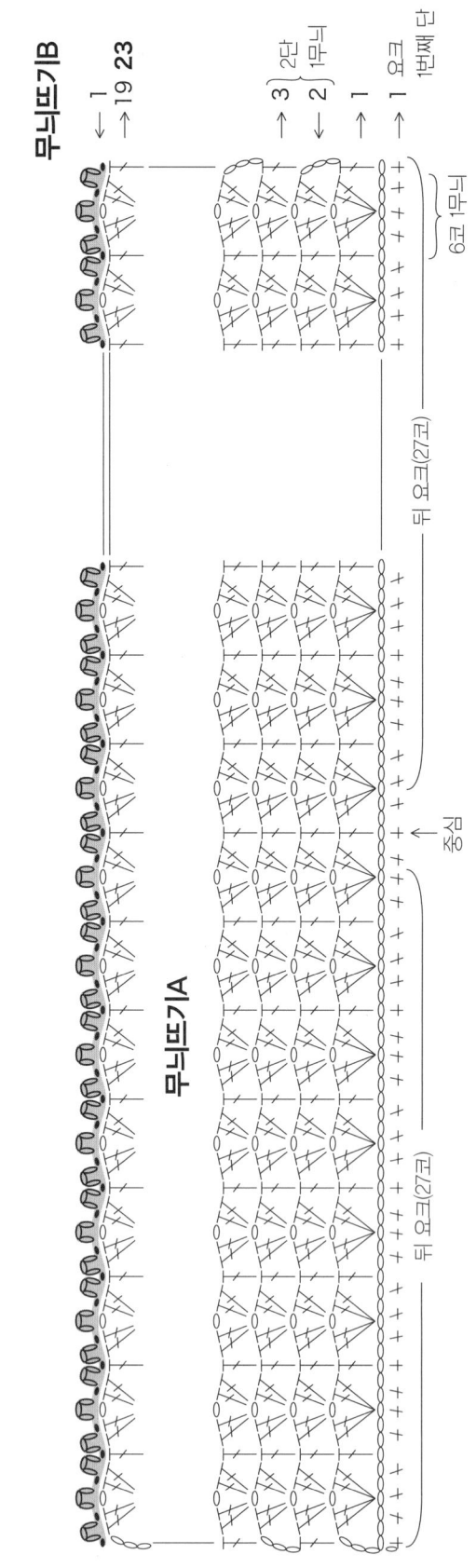

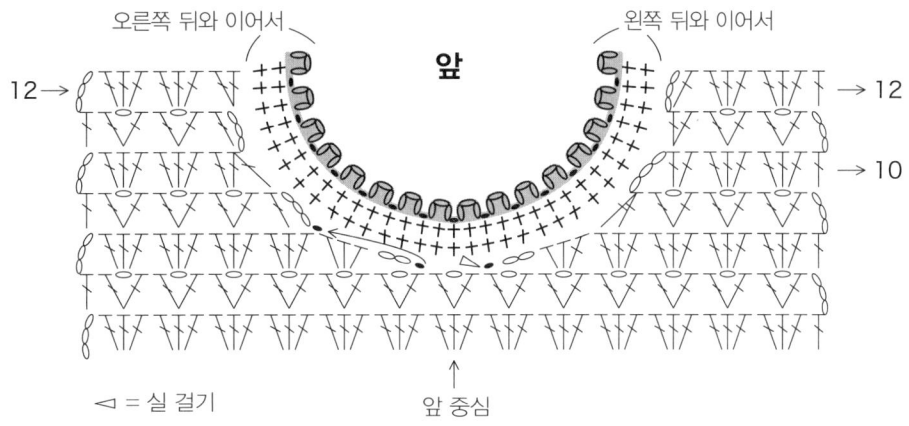

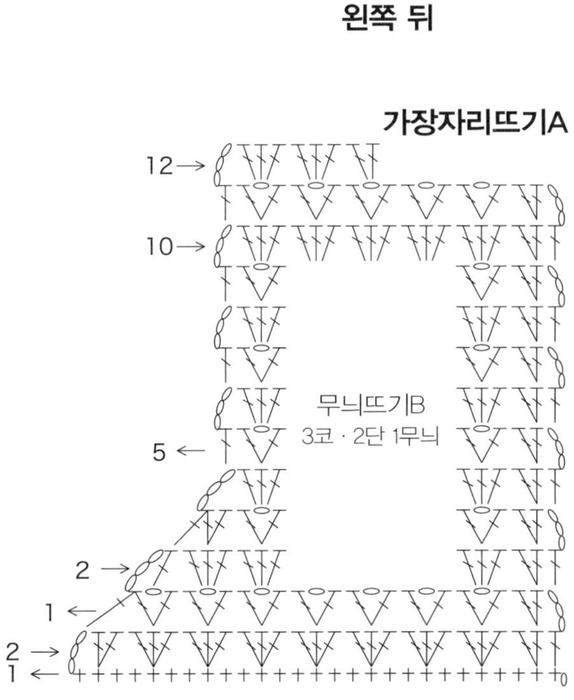

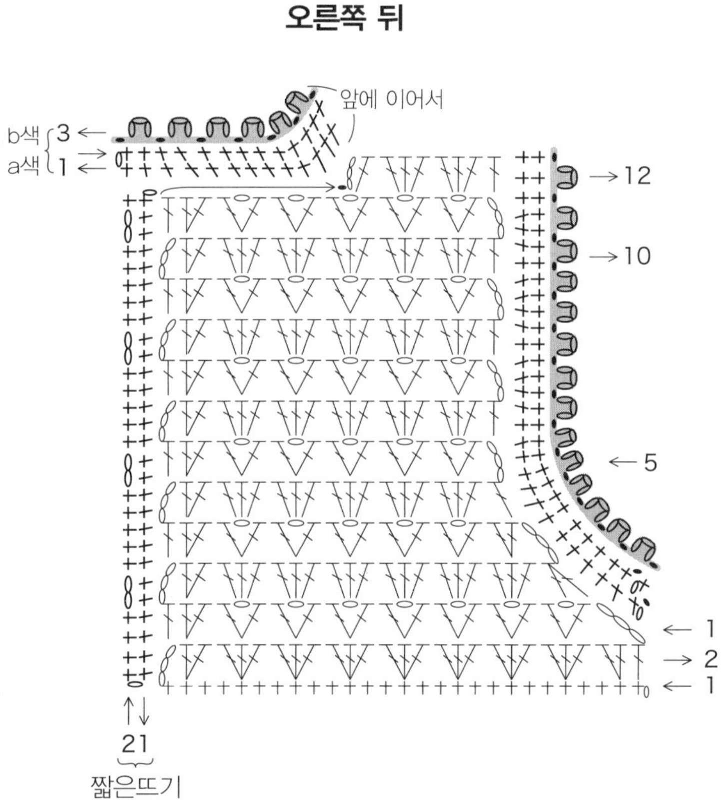

목둘레 · 진동둘레 (가장자리뜨기 A)
5/0호 바늘

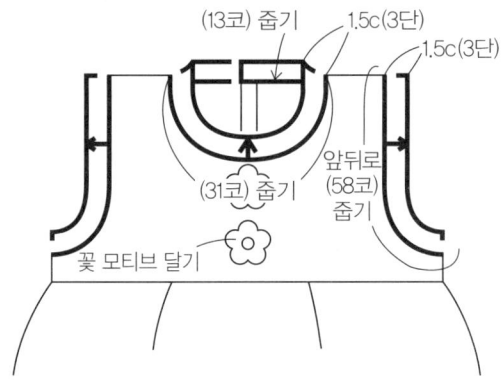

꽃 모티브 a색

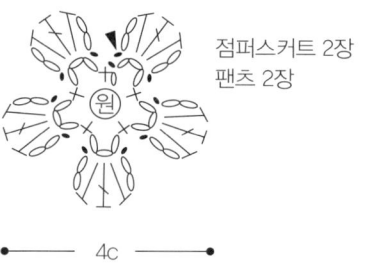

점퍼스커트 2장
팬츠 2장

화심 b색 4장

※ 꽃 모티브 가운데에 화심을 단다.

뒤트임 (짧은뜨기) 5/0호 바늘

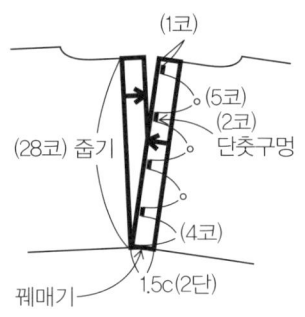

배색

	18개월	12개월
a색	라이트 그레이	살몬핑크
b색	프로방스 옐로우	프로방스 옐로우

'빼뜨기 1코, 사슬뜨기 2코'의 사슬뜨기 꿰매기

2코…뜨개지에 맞춰서 콧수를 조절

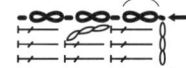

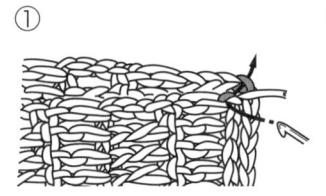
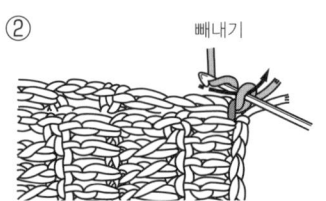
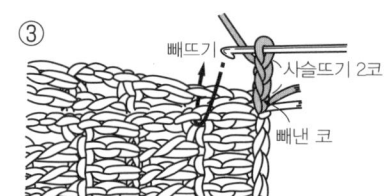
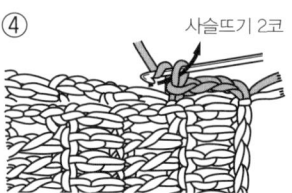

팬츠

시작코를 만들어서 그림과 같이 대칭으로 2장 뜹니다. 앞 중심과 뒤 중심을 같은 방법으로 꿰맵니다. 다리 입구는 가장자리뜨기C를 원통으로 4단 뜨고, 허리는 고무줄을 끼우고 공그르기한 후 모티브를 답니다.

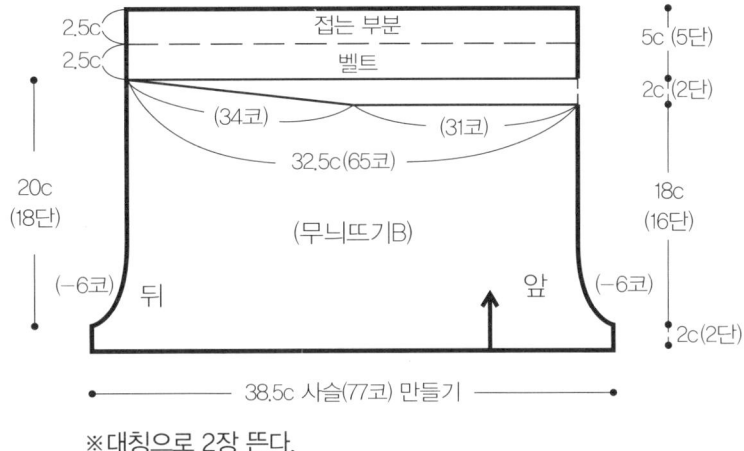

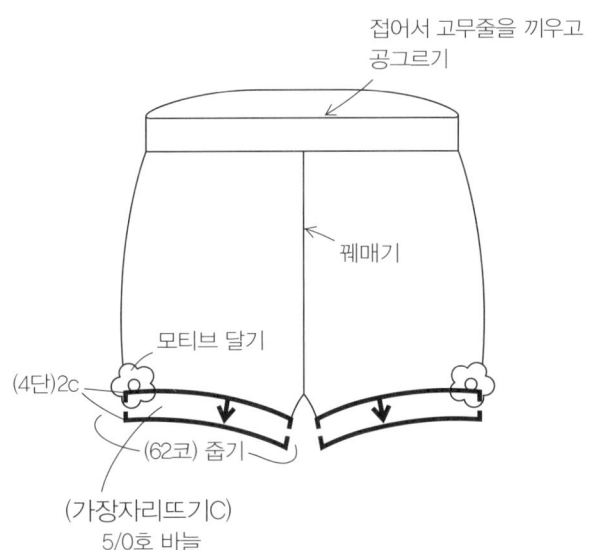

덮어씌우기

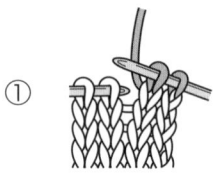

①

② 덮어씌우기

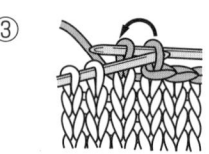

③

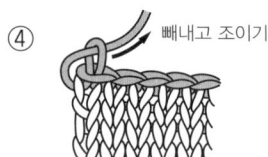

④ 빼내고 조이기

왼쪽 팬츠

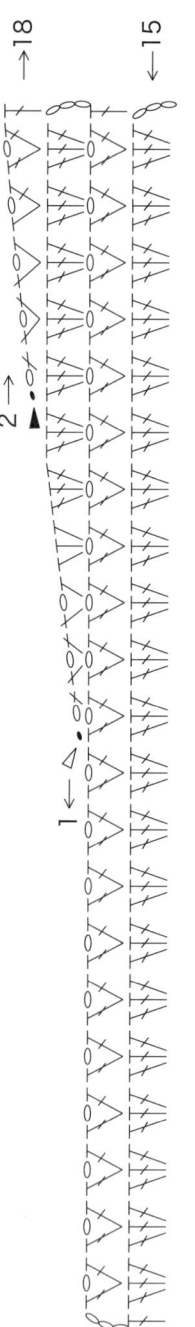

▷ = 실 걸기
▼ = 실 풀기

※16단까지는 오른쪽 팬츠와 같은 방법으로 뜬다.

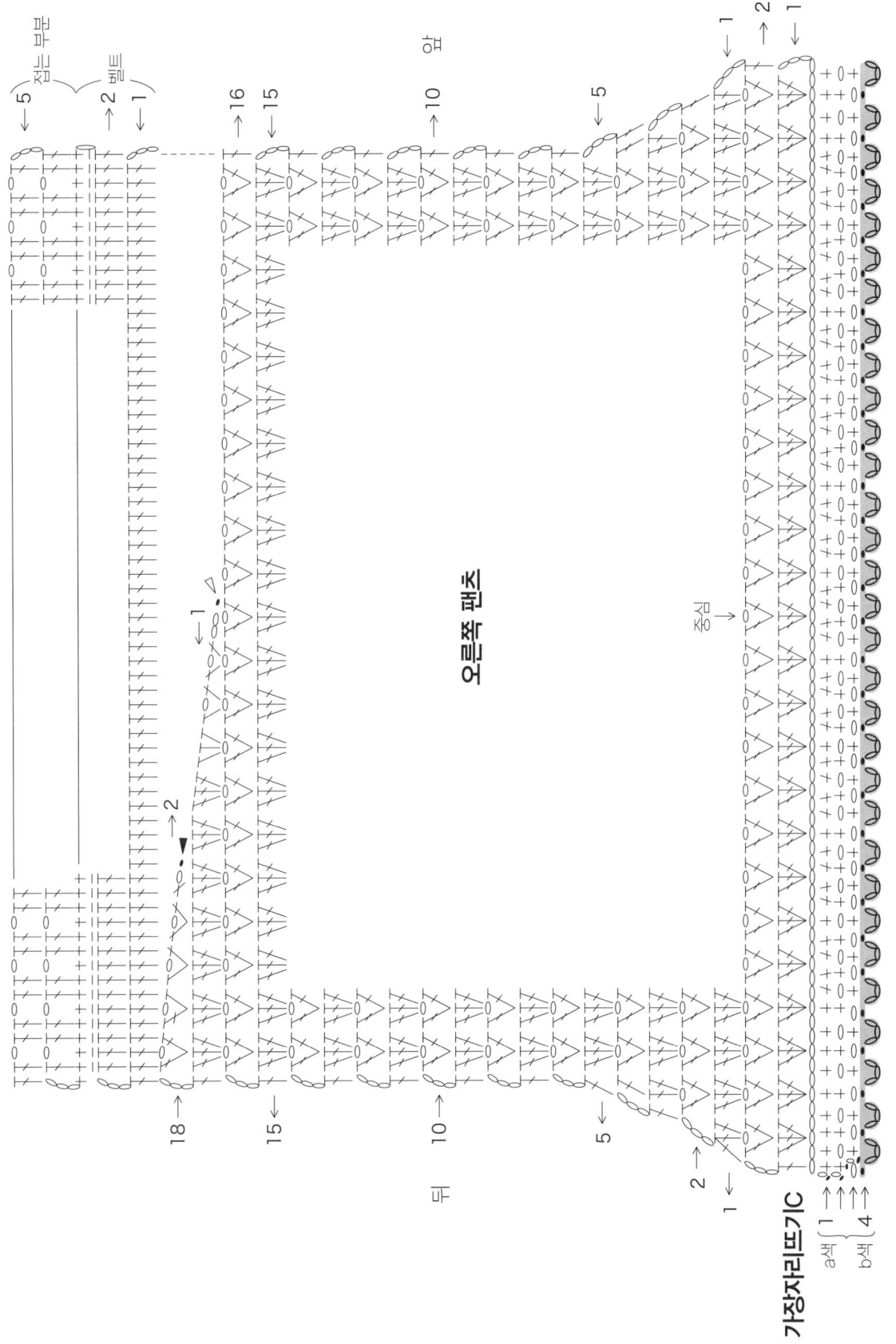

곡선이 있는 진동둘레

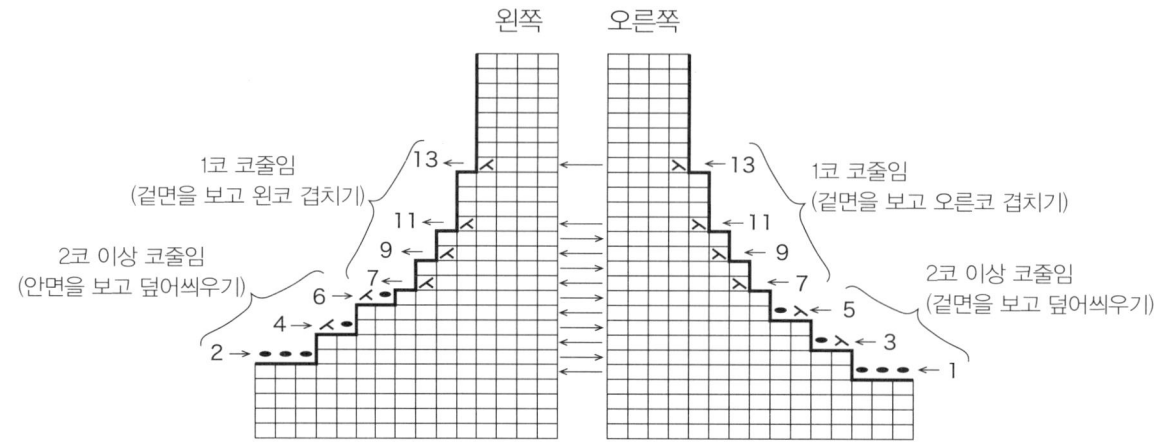

★2코 이상 코줄임(덮어씌우기)

1단 오른쪽 1번째

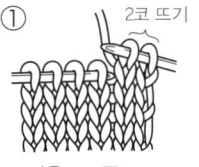
처음 2코를 겉뜨기로 뜬다.

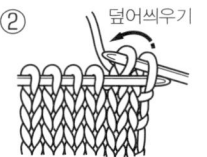
왼쪽 바늘을 오른쪽 코에 넣고 왼쪽 코에 덮어씌운다.

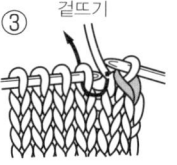
덮어씌우기 1코 완성. 다음 코도 뜨고 덮어씌운다.

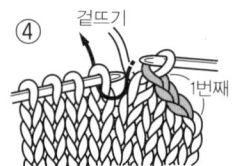
오른쪽 3코 덮어씌우기 완성. 다음 코부터 끝까지 그대로 뜬다.

2단 왼쪽 1번째

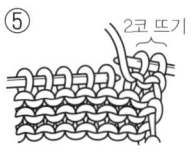
끝에서 2코를 안뜨기로 뜬다.

왼쪽 바늘로 1번째 코를 2번째 코에 덮어씌운다.

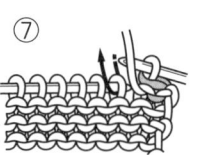
덮어씌우기 1코 완성. 다음 코를 뜨고 덮어씌운다.

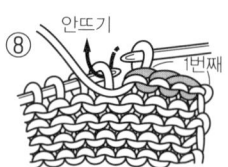
왼쪽 3코 덮어씌우기 완성. 다음 코부터 끝까지 그대로 뜬다.

3단 오른쪽 2번째

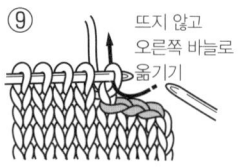
2번째 덮어씌우기는 끝코는 뜨지 않고 오른쪽 바늘로 옮긴다.

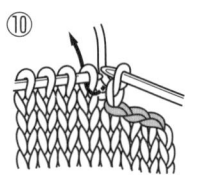
다음 코를 겉뜨기로 뜬다.

왼쪽 바늘로 끝코를 덮어씌운다.

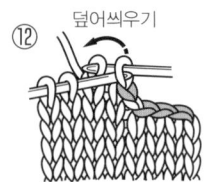
다음 코도 겉뜨기로 뜨고 끝코를 덮어씌운다.

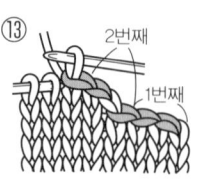
왼쪽 2번째 덮어씌우기 완성.

4단 왼쪽 2번째

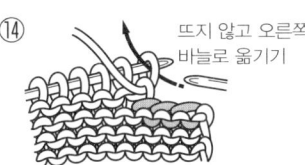
⑭ 뜨지 않고 오른쪽 바늘로 옮기기
끝코는 뜨지 않고 오른쪽 바늘로 옮긴다.

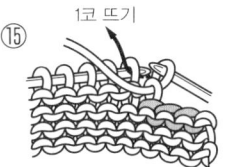
⑮ 1코 뜨기
다음 코는 안뜨기로 뜬다.

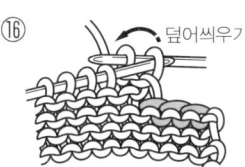
⑯ 덮어씌우기
오른쪽 코를 왼쪽 코에 덮어씌운다.

⑰ 덮어씌우기
다음 코도 안뜨기로 뜨고, 오른쪽 코를 덮어씌운다.

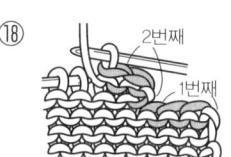
⑱ 2번째 / 1번째
왼쪽 2번째 덮어씌우기 완성.

★1코 코줄임(끝 1코 코줄임)

7단 오른쪽

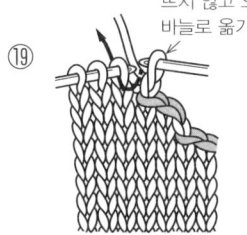
⑲ 뜨지 않고 오른쪽 바늘로 옮기기
끝코는 뜨지 않고 오른쪽 바늘에 옮기고, 다음 코를 겉뜨기로 뜬다.

⑳ 덮어씌우기
왼쪽 바늘로 끝코를 덮어씌운다.

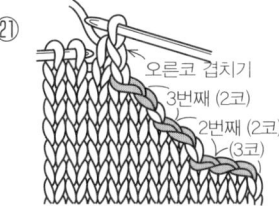
㉑ 오른코 겹치기 / 3번째 (2코) / 2번째 (2코) / (3코)
덮어씌우기 세 번과 오른코 겹치기 완성.

7단 왼쪽

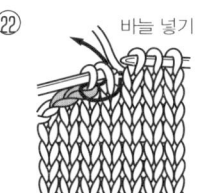
㉒ 바늘 넣기
왼쪽 2코에 화살표 방향으로 바늘을 넣는다.

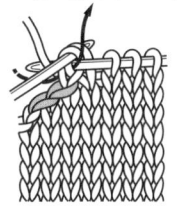
㉓ 왼코 겹치기로 뜨기
2코를 한 번에 겉뜨기로 뜬다.

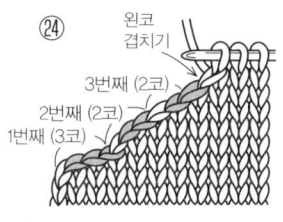
㉔ 왼코 겹치기 / 3번째 (2코) / 2번째 (2코) / 1번째 (3코)
덮어씌우기 세 번과 왼코 겹치기 완성.

PHOTO p.18
베스트 & 모자
12~18개월

준비물	**실** 하마나카 귀여운 아기(병태사) 애시그린(22) [베스트 80g, 모자 30g] 110g/3볼 **부자재** 지름 15mm 단추 3개 **바늘** 대바늘 3.5mm · 4mm, 코바늘 5/0호
완성 치수	**베스트** 가슴둘레 58.5cm, 어깨너비 23cm, 기장 28cm **모자** 머리둘레 44cm, 깊이 15cm
게이지	가로세로 10cm 가터뜨기 19코×37단, 멍석뜨기 19코×26단, 메리야스뜨기 19코×23단
뜨는 방법 포인트	**베스트** 밑단부터 보조실로 시작 사슬코를 만들고, 사슬의 뒷산을 주워서 가터뜨기로 48단을 뜹니다. 이어서 멍석뜨기로 2단 뜨면 3장으로 나눠서 실이 이어져 있는 오른쪽 앞 몸판을 먼저 뜹니다. 뒤 몸판·왼쪽 앞 몸판에 실을 걸어서 진동둘레 5코를 덮어씌우기 하고 뜹니다. 어깨는 쉼코로 둡니다. **마무리** 어깨는 겉끼리 맞대어 덮어씌우기 잇기를 하고, 밑단은 보조실을 풀어내고 빼뜨기 코막음을 합니다. 목둘레·앞단·진동둘레는 가터뜨기와 가장자리뜨기로 마무리합니다. **모자** 베스트와 같은 방법으로 시작코를 만들고, 원통으로 그림과 같이 뜹니다.

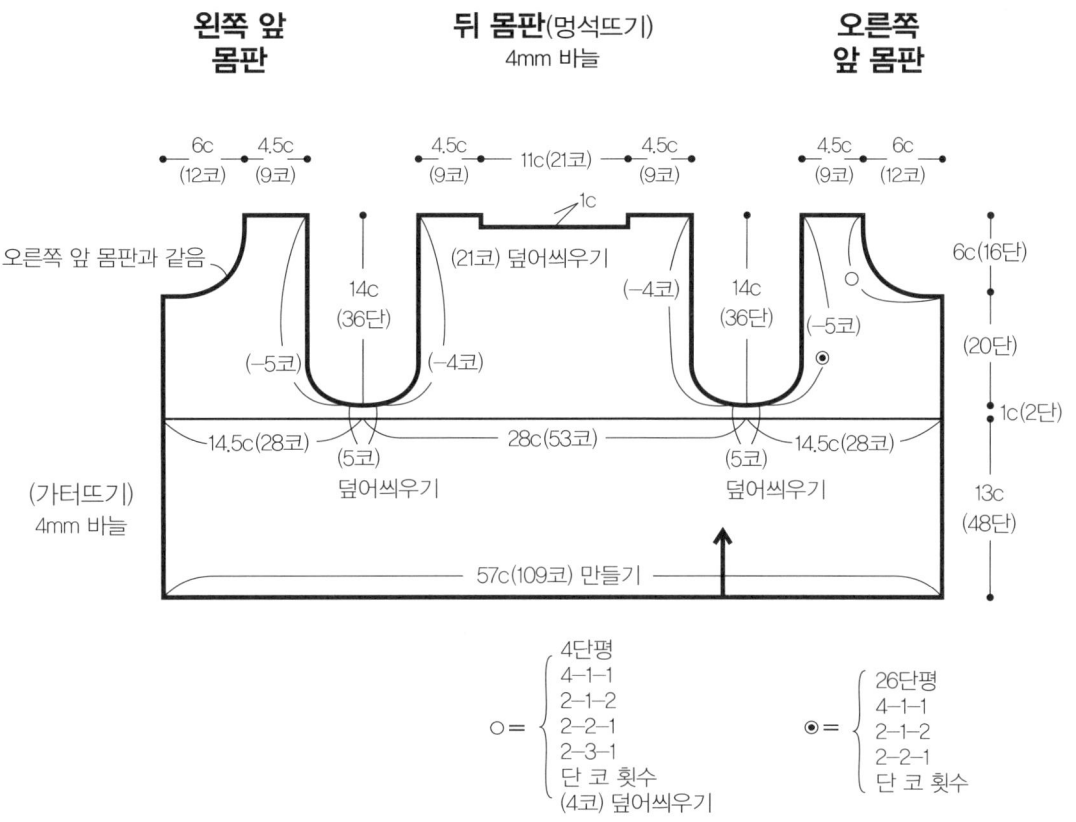

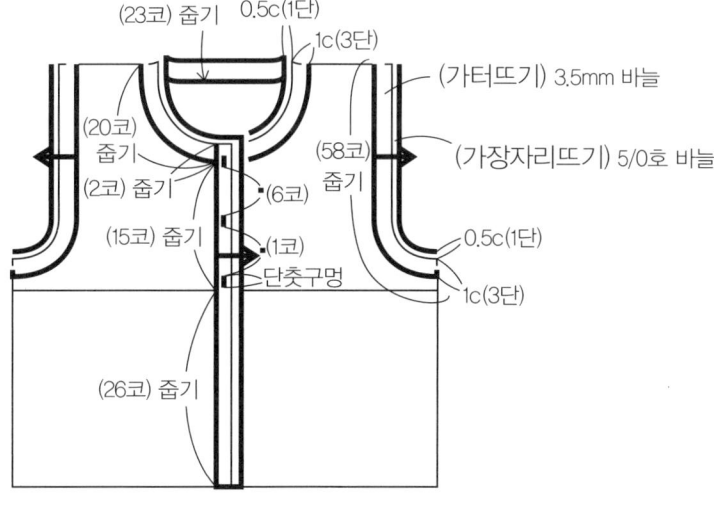

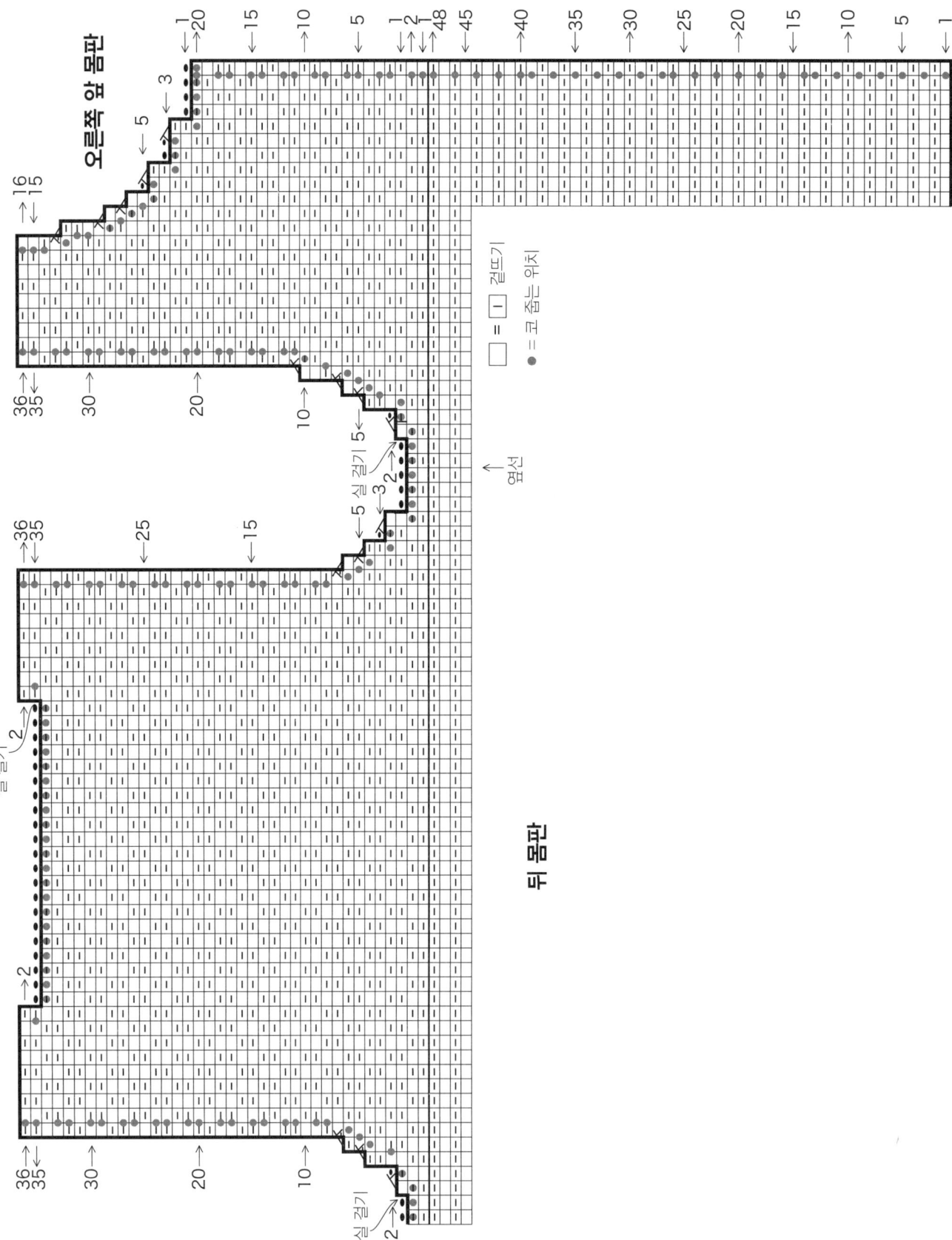

왼쪽 앞 몸판

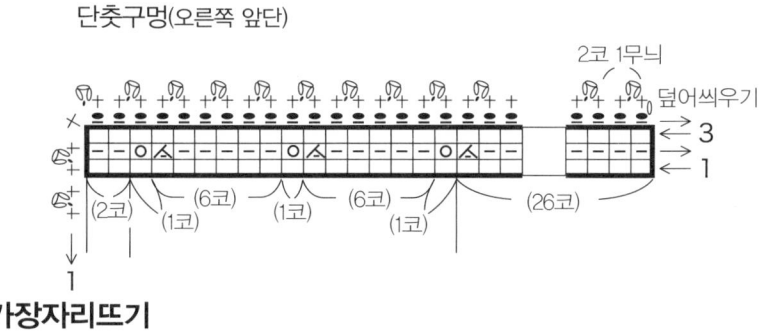

단춧구멍(오른쪽 앞단)

가장자리뜨기

보조실로 뜬 사슬코 줍기

①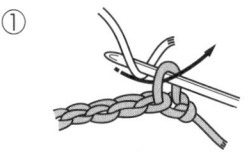

②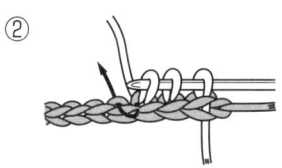

빼뜨기 코막음

①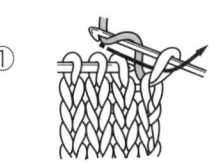

②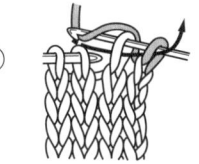

③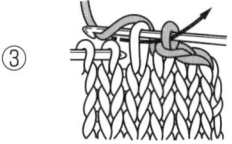

④

모자

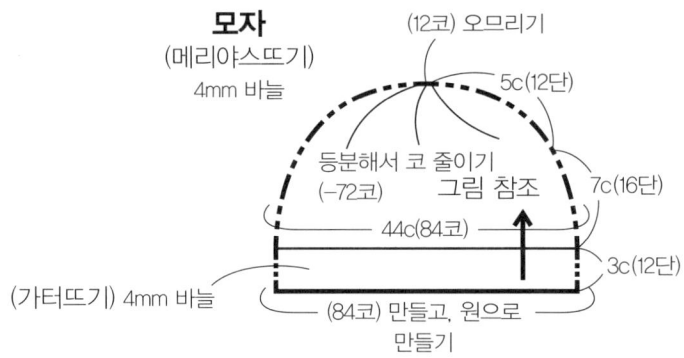

모자
(메리야스뜨기)
4mm 바늘

(12코) 오므리기
5c(12단)
등분해서 코 줄이기
(-72코)
그림 참조
7c(16단)
44c(84코)
3c(12단)
(가터뜨기) 4mm 바늘
(84코) 만들고, 원으로 만들기

시작 사슬코

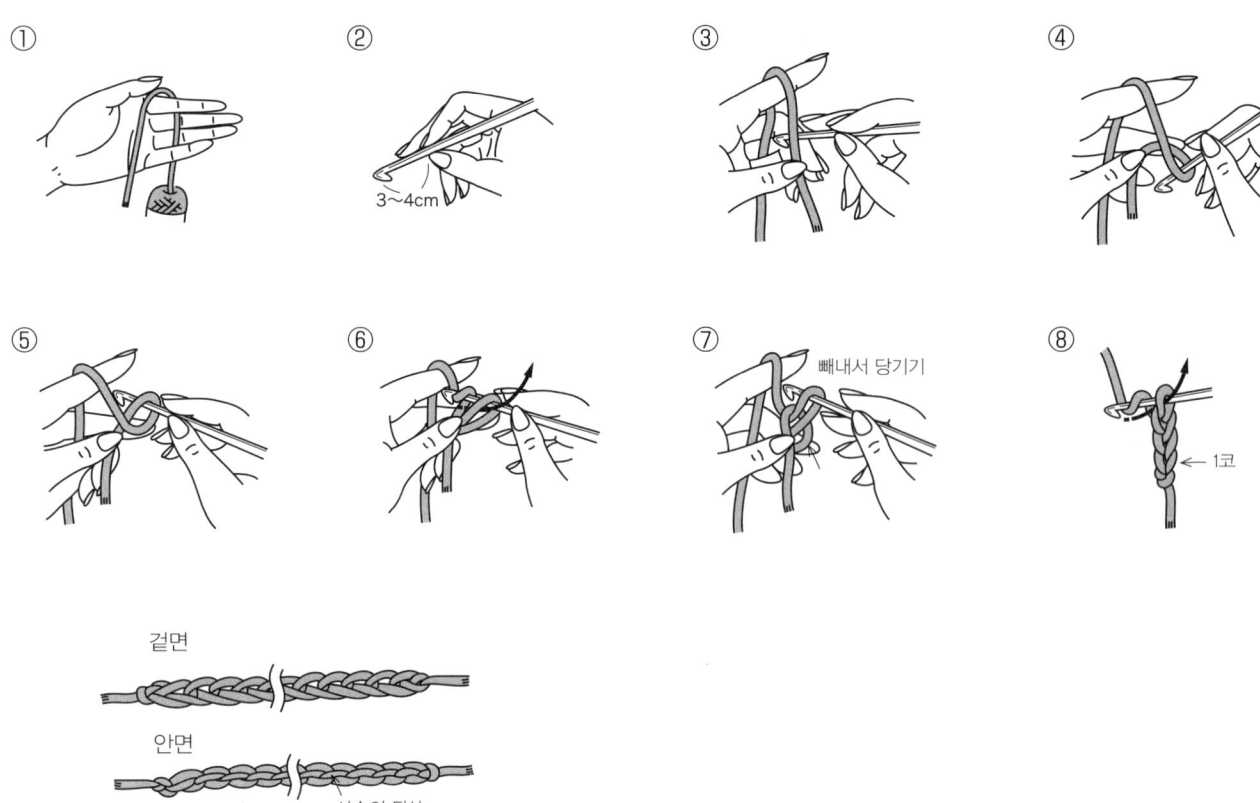

모자 위에 모티브를 단다.

모티브 5/0호 바늘

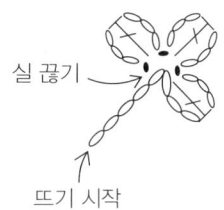

실 끊기

뜨기 시작

등분해서 코 줄이는 방법

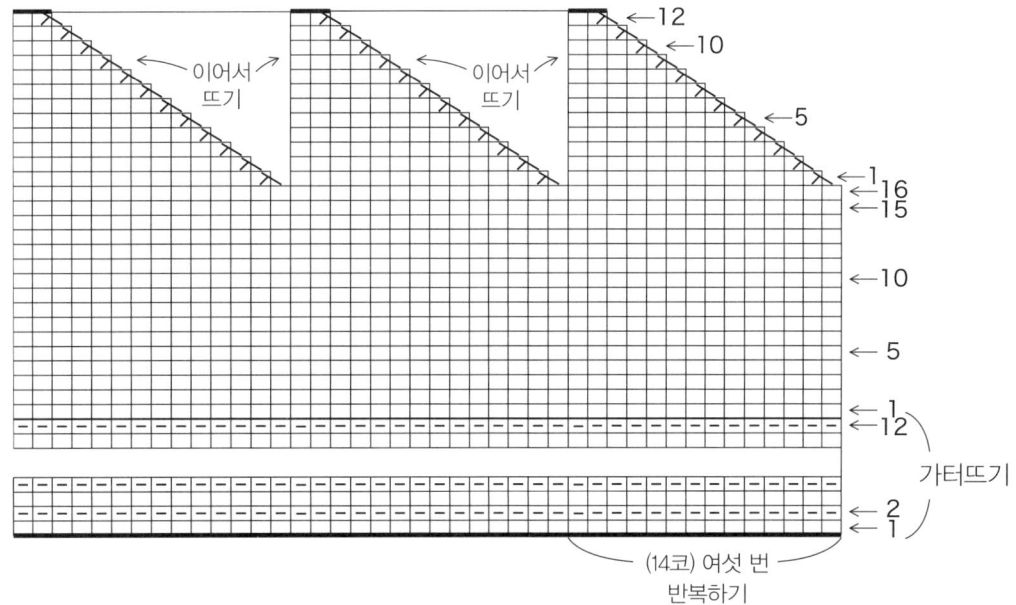

15 베스트 & 레그 워머

PHOTO p.19

12~18개월

준비물	**실** 하마나카 큐피드(합태사) 크림색(4) [베스트 70g, 레그 워머 30g] 100g/3볼, 레몬색(8) [베스트 15g, 레그 워머 5g] 20g/1볼 **부자재** 지름 12mm 단추 5개 **바늘** 코바늘 3/0호, 대바늘 3mm
완성 치수	**베스트** 가슴둘레 63cm, 어깨너비 25cm, 기장 30cm **레그 워머** 그림 참조
게이지	가로세로 10cm 무늬뜨기 31코×11단
뜨는 방법 포인트	**베스트** 시작 사슬코를 뜨고, 사슬의 뒷산을 주워 무늬뜨기로 16단 뜨면 3장으로 나눠서 실이 있는 오른쪽 앞 몸판을 먼저 뜹니다. 뒤 몸판·왼쪽 앞 몸판은 실을 걸어서 뜹니다. **마무리** 어깨는 '짧은뜨기1코, 사슬뜨기1코'의 사슬뜨기 잇기를 하고, 밑단·앞단·목둘레는 가장자리뜨기로 이어서 뜨고, 진동둘레는 원통으로 2단 뜹니다. 단춧구멍은 무늬의 구멍을 이용합니다. 모티브는 실감아 원형코를 만들어서 뜨고 지정된 위치에 답니다. **레그 워머** 일반코잡기로 코를 만들어서 원으로 46단 뜨고 덮어씌우기로 코막음을 합니다. 코를 주워서 가장자리뜨기를 2단 뜹니다.

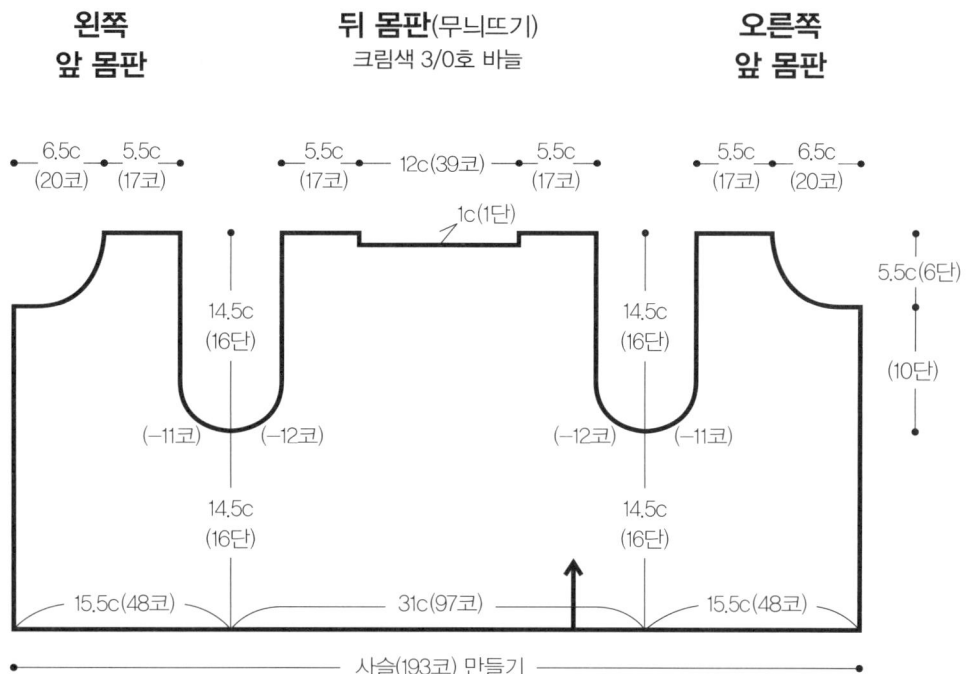

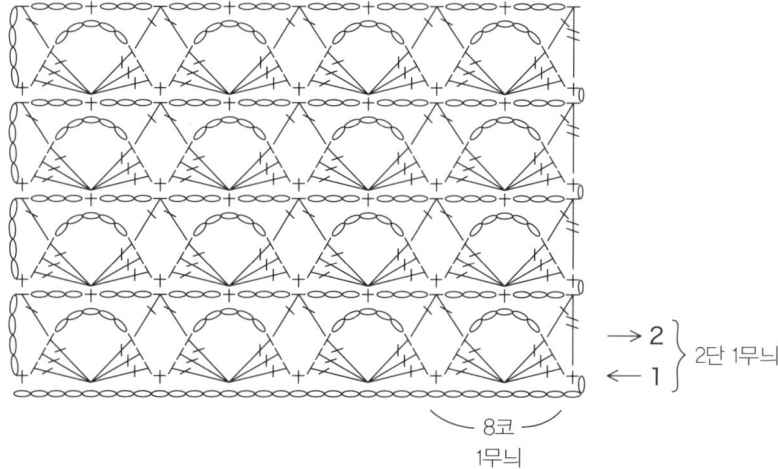

밑단 · 앞단 · 목둘레 · 진동둘레(가장자리뜨기)
레몬색 3/0호 바늘

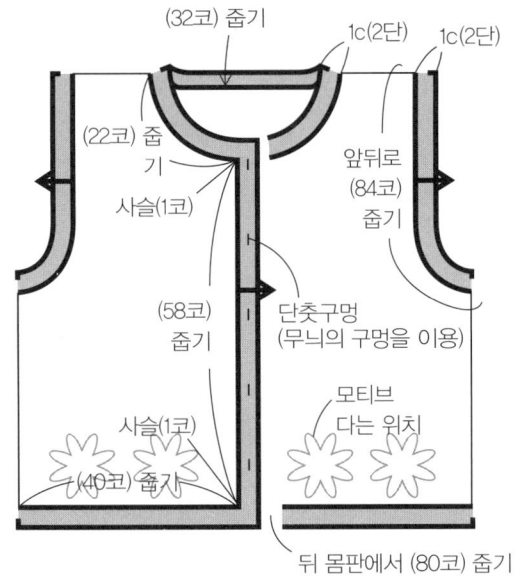

모티브 3/0호 바늘
베스트 4장
레그 워머 2장

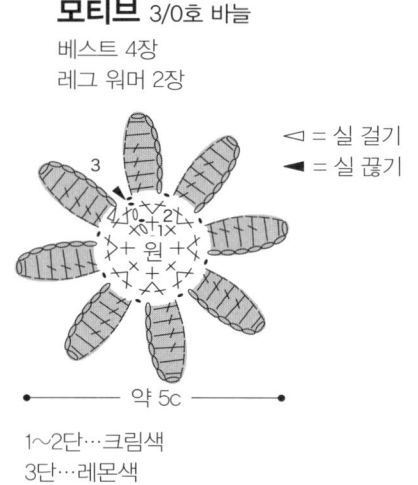

1~2단…크림색
3단…레몬색

1길긴뜨기 2코 모아뜨기

①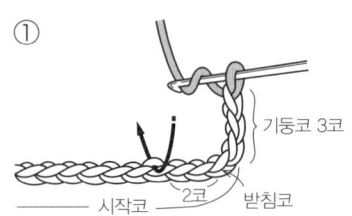

②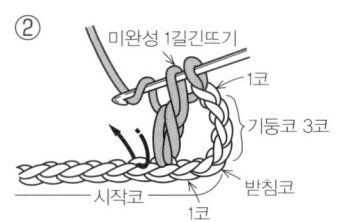

③

④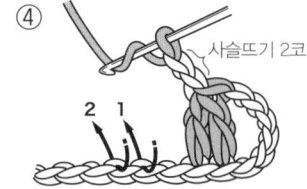

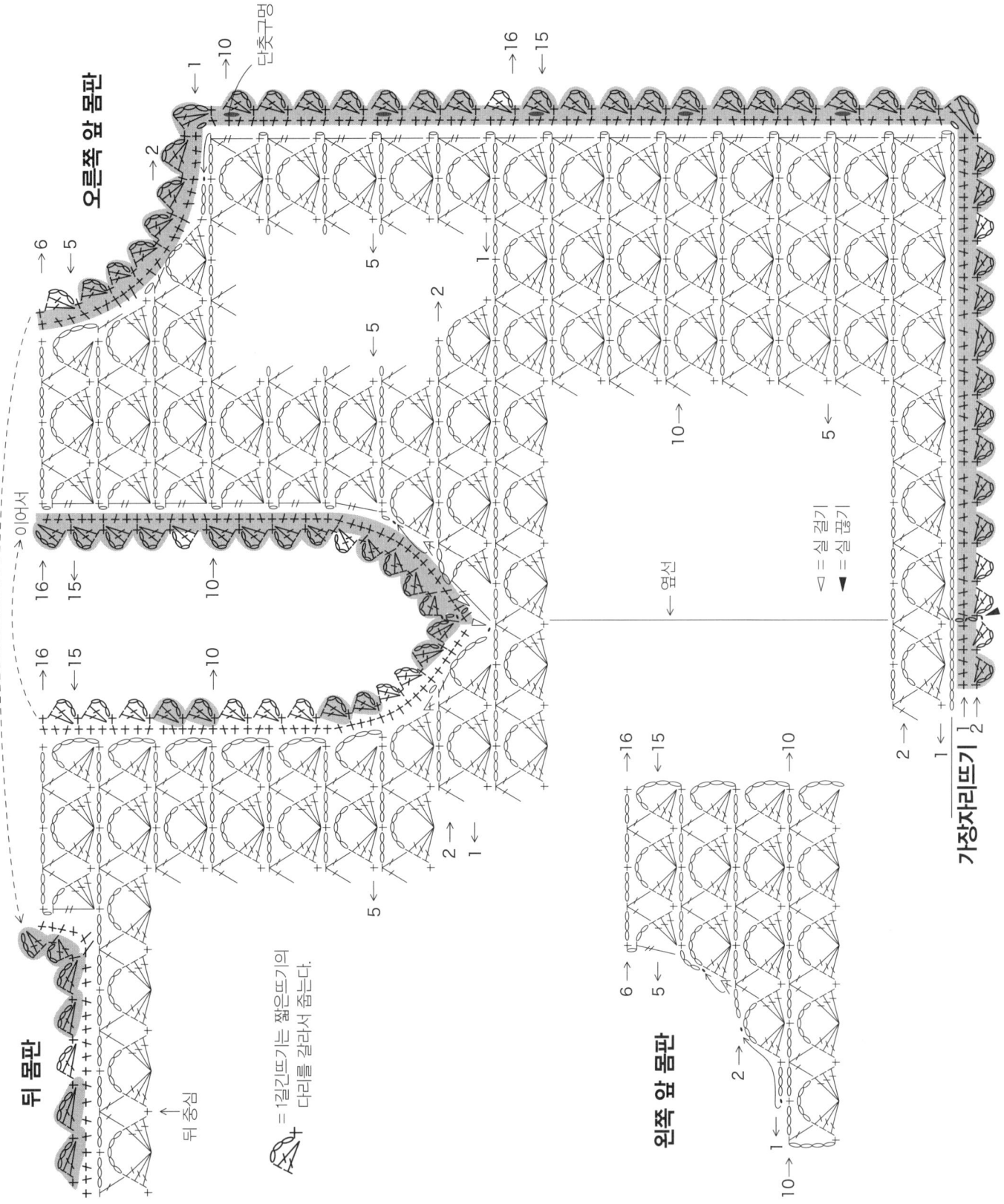

레그 워머

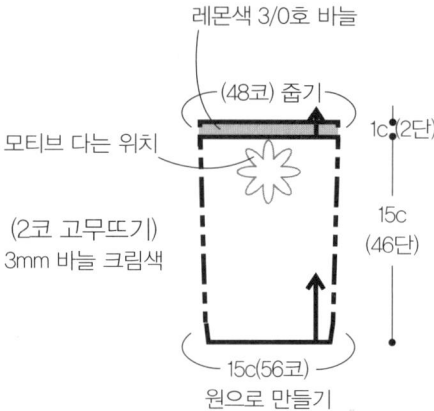

레그 워머(가장자리뜨기)
레몬색 3/0호 바늘

(48코) 줍기

1c(2단)

모티브 다는 위치

(2코 고무뜨기)
3mm 바늘 크림색

15c
(46단)

15c(56코)
원으로 만들기

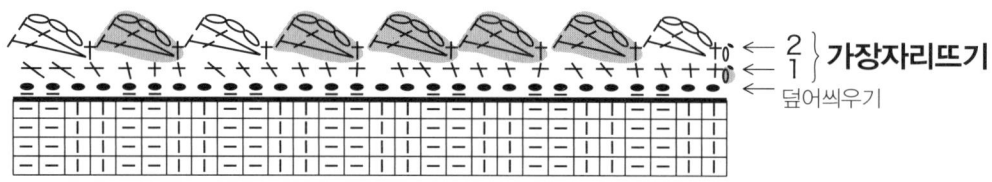

2
1 } **가장자리뜨기**
← 덮어씌우기

겉뜨기는 겉뜨기로, 안뜨기는 안뜨기로 떠서 덮어씌우기

짧은뜨기

①

②

③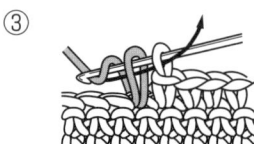

④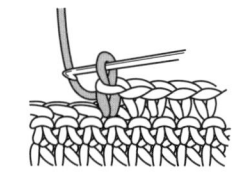

PHOTO p.20

튜닉 베스트

18~24개월

준비물	**실** 하마나카 소노모노(합태) 16 갈색(3) 120g/3볼, 17 옅은 갈색(2) 100g/3볼 **부자재** 지름 18mm 단추 각 4개 **바늘** 대바늘 3.5mm, 코바늘 5/0호
완성 치수	가슴둘레 52cm, 어깨너비 22cm, 기장 40cm(16/24개월), 36.5cm(17~18개월) ※지정된 것 외에는 공통
게이지	가로세로 10cm 메리야스뜨기 21코×28단, 무늬뜨기 28코×28단
뜨는 방법 포인트	**뒤 몸판·앞 몸판** 밑단부터 일반코잡기로 코를 잡아서 메리야스뜨기를 뜹니다. 3단과 7단은 안뜨기로 뜨고, 스커트는 증감 없이 뜹니다. 마지막 단은 그림과 같이 오른코 겹치기를 합니다. 이어서 무늬뜨기를 뜨고, 목둘레는 실이 있는 오른쪽부터 먼저 뜹니다. 어깨 부분은 1코 고무뜨기를 뜨고, 오른코 겹치기를 하면서 덮어씌우기로 코막음을 합니다. 가운데 코는 덮어씌우기로 코막음을 하고, 왼쪽을 뜹니다. 앞 몸판에 단춧구멍을 만듭니다. **마무리** 옆선은 떠서 꿰매고, 목둘레·진동둘레는 빼뜨기로 처리하고 끈을 만듭니다. 지정된 위치에 끈을 끼워서 끈 양 끝에 술 장식을 답니다.

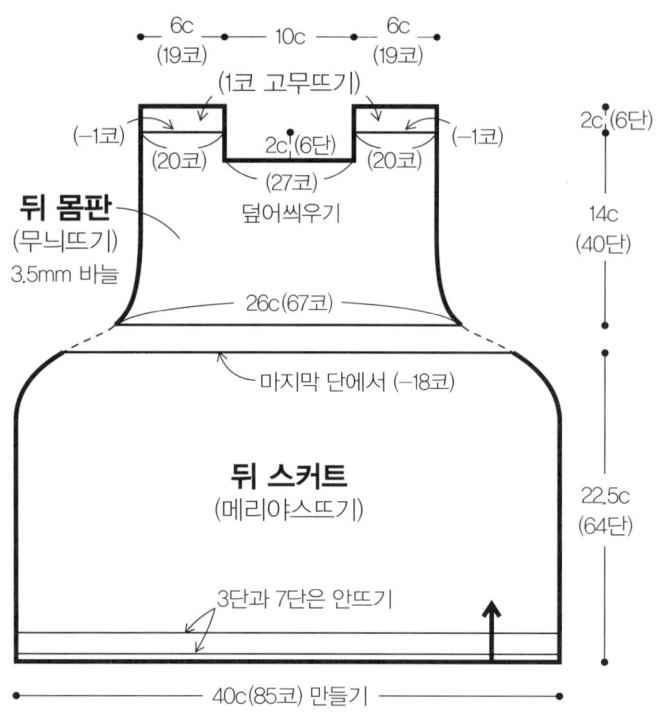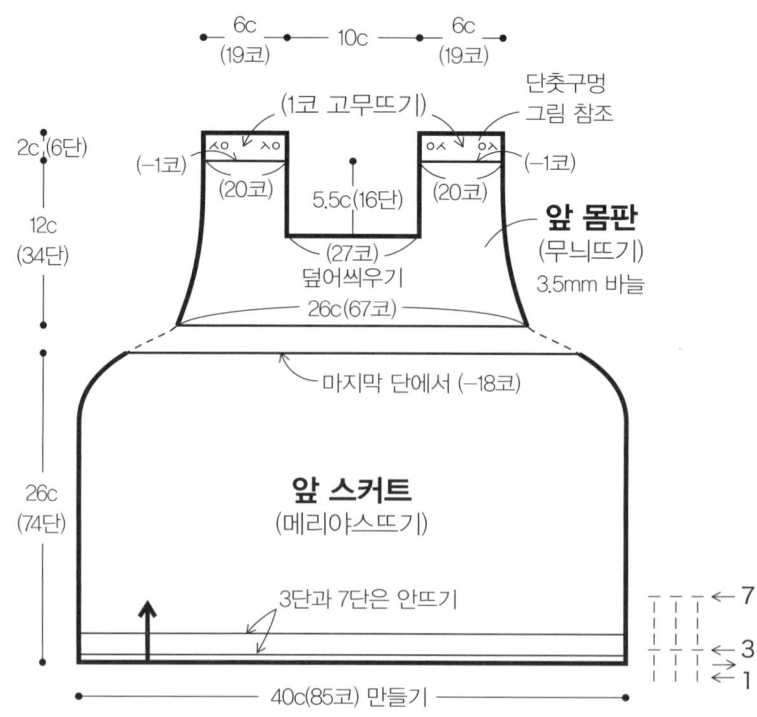

목둘레 · 진동둘레(빼뜨기) 5/0호 바늘

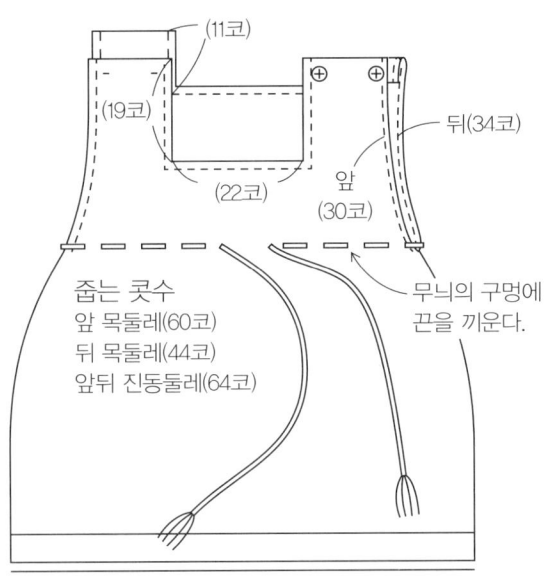

끈(이중 사슬뜨기) 5/0호 바늘

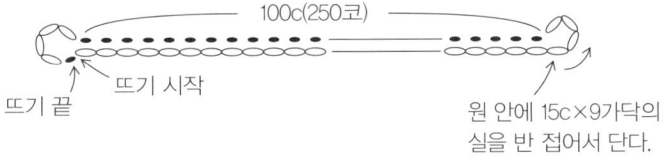

빼뜨기

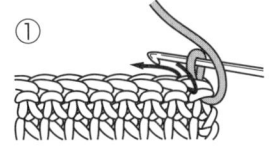

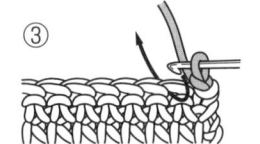
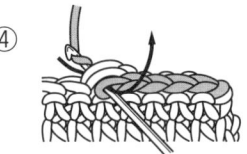

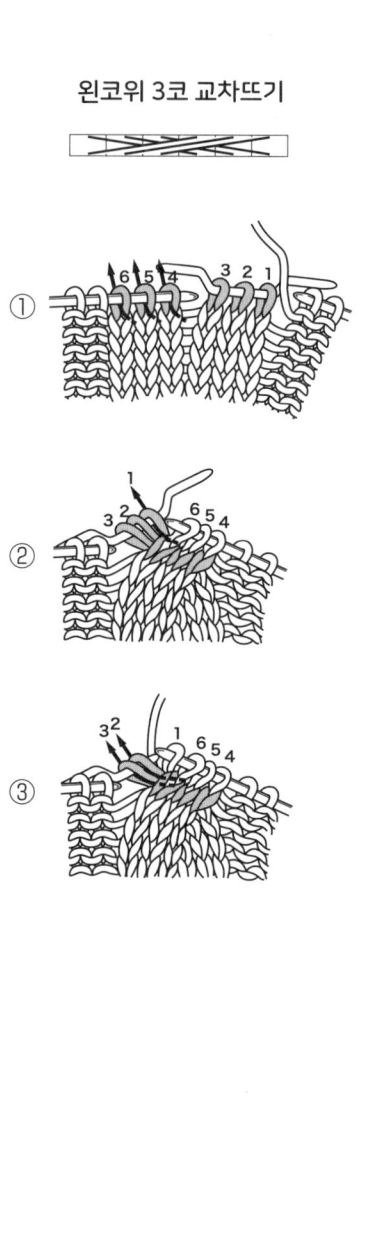
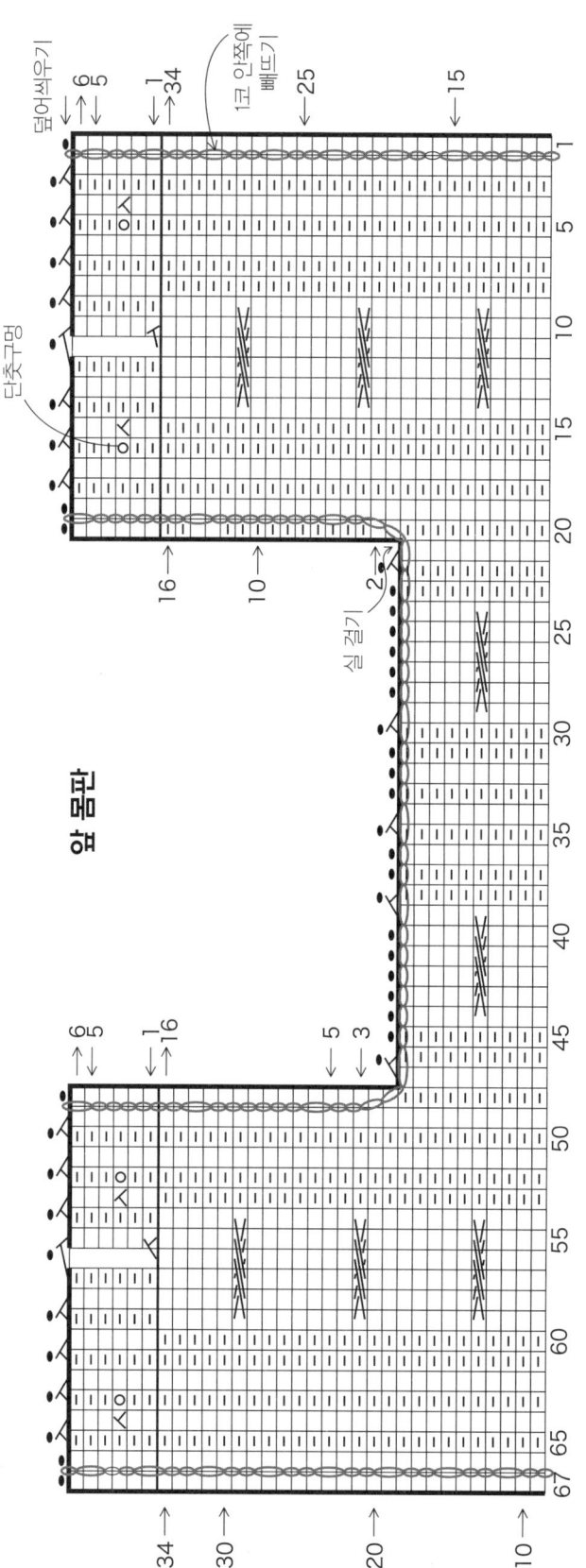

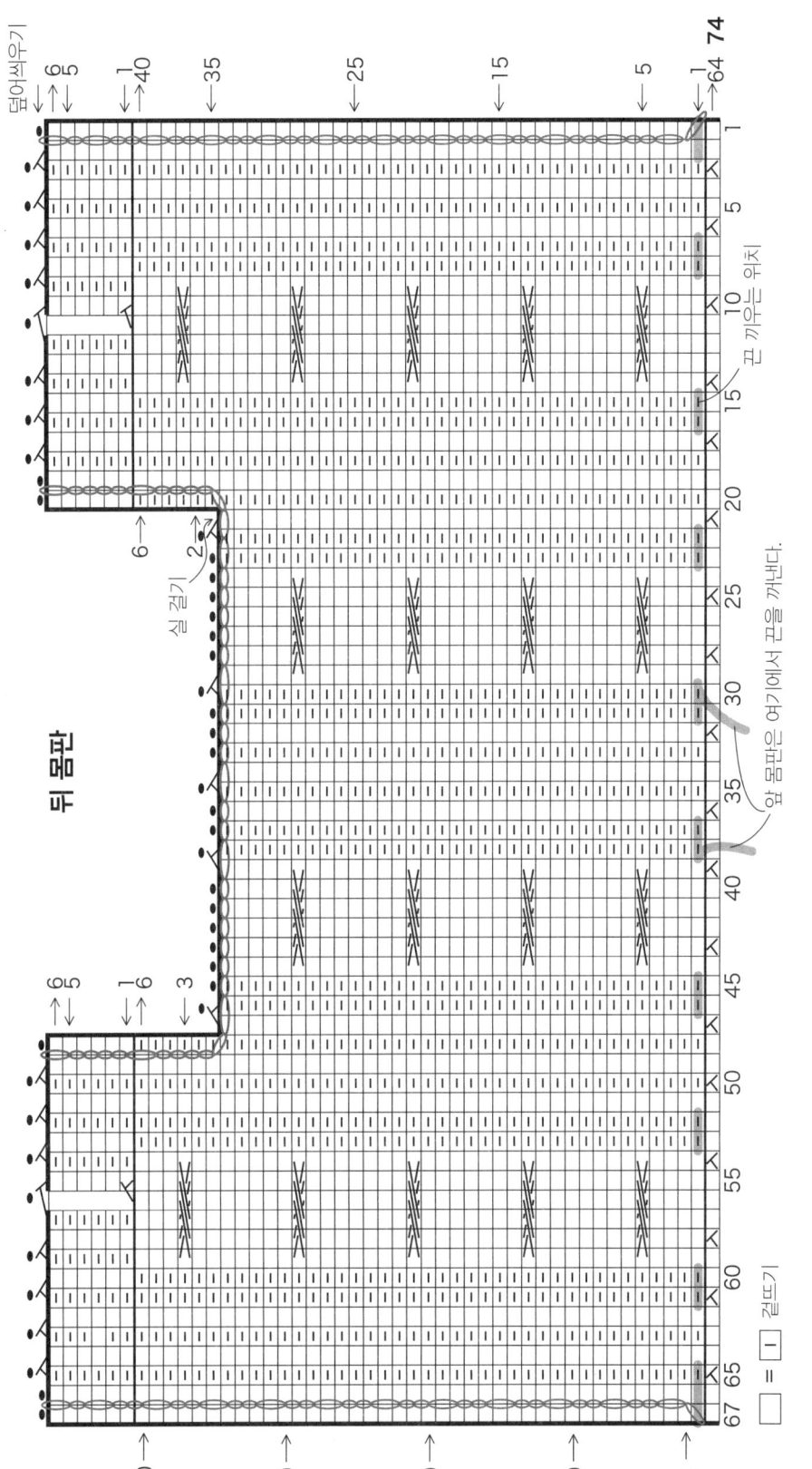

PHOTO p.22

베스트

18~24개월

| 준비물 | **실** 하마나카 큐피드(합태사) 18 블루(5), 19 백아이보리(6) 각 90g/각 3볼
바늘 대바늘 3mm · 3.5mm
부자재 지름 13mm 단추 각 6개 |

| 완성 치수 | 가슴둘레 67cm, 어깨너비 25cm, 기장 33cm |

| 게이지 | 가로세로 10cm 메리야스뜨기 25.5코×33.5단 |

뜨는 방법 포인트

뒤 몸판 밑단부터 일반코잡기로 코를 잡아서 멍석뜨기로 8단 뜹니다. 이어서 메리야스뜨기로 뜨지만, 그림의 위치에 멍석뜨기를 2단 넣습니다. 진동둘레는 왼쪽, 오른쪽 코를 줄이고, 목둘레는 실이 있는 오른쪽부터 먼저 뜨고, 어깨는 쉼코로 둡니다. 가운데 코는 덮어씌우기로 코막음을 하고, 왼쪽을 뜹니다.

앞 몸판 뒤 몸판과 같은 방법으로 코를 잡고 앞 안단 6코는 멍석뜨기로 뜹니다. 앞 목둘레는 코줄임을 해서 좌우대칭으로 2장 뜹니다.

마무리 어깨는 겉끼리 맞대어 덮어씌우기 잇기, 옆선을 떠서 꿰매기를 합니다. 목둘레·진동둘레는 몸판에서 주워서 멍석뜨기로 8단을 뜨고, 덮어씌우기로 코막음을 합니다.

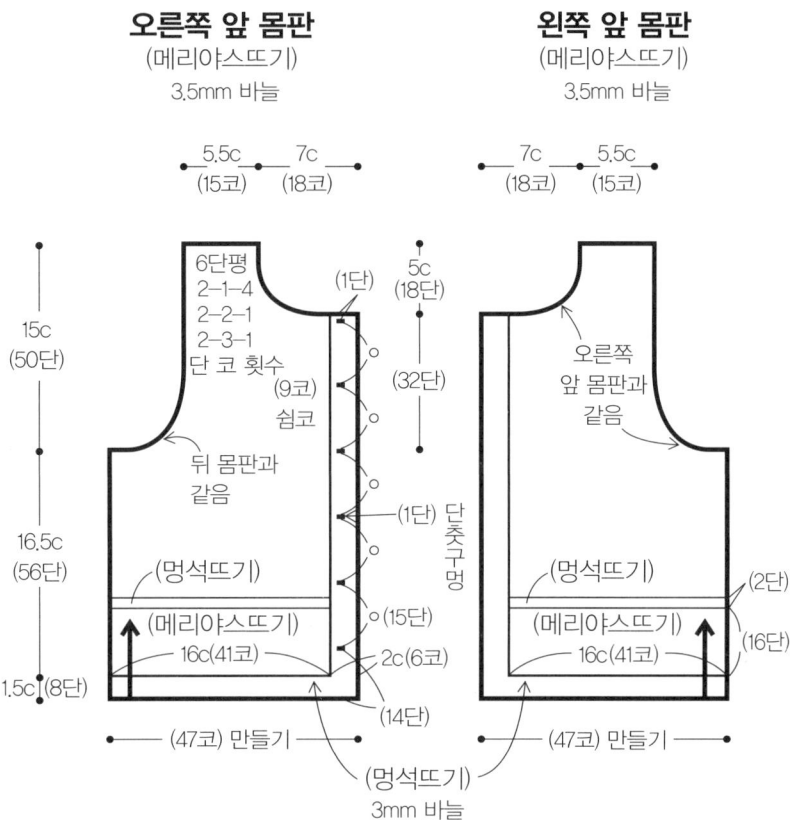

※남아용은 단춧구멍을 왼쪽 앞 몸판에 만든다.

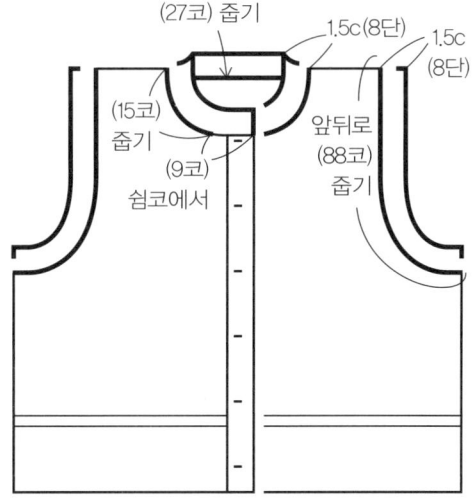

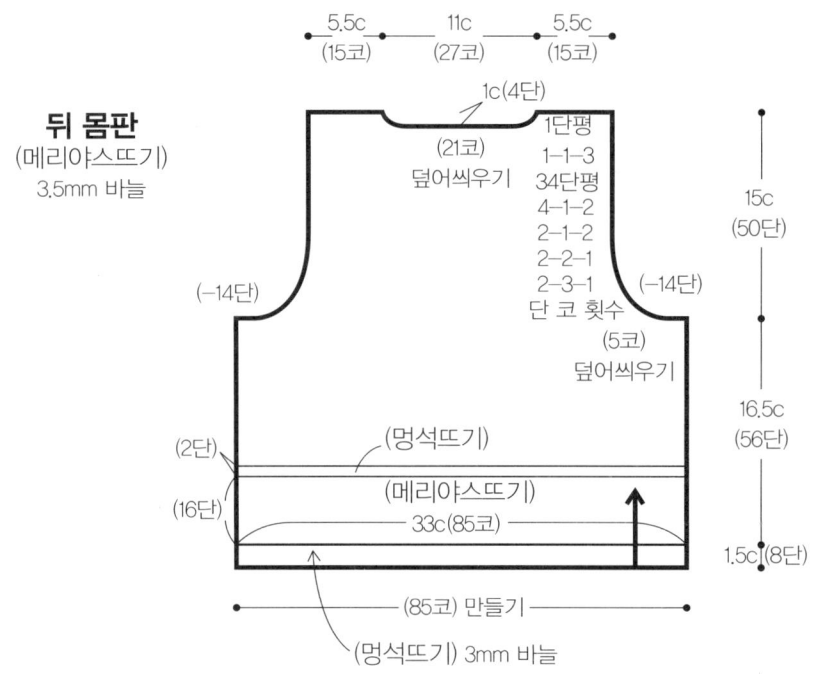
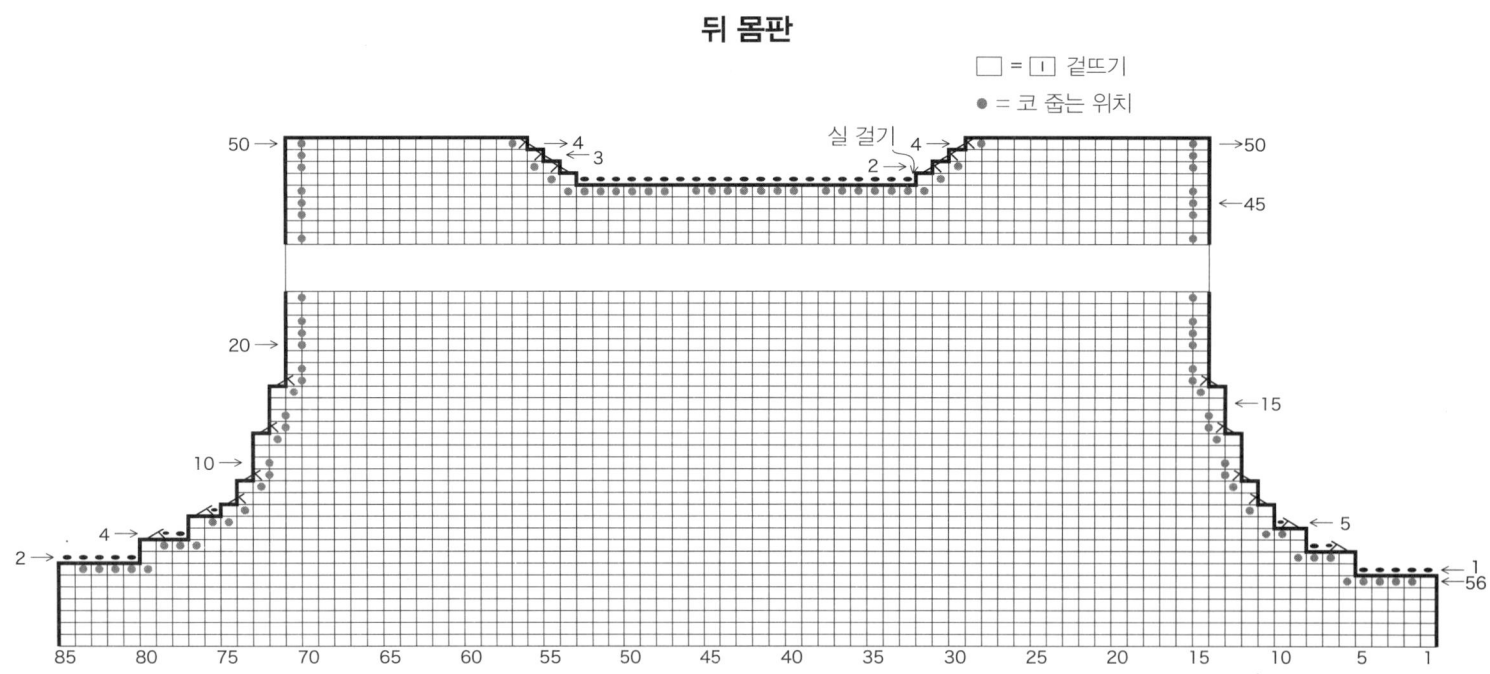

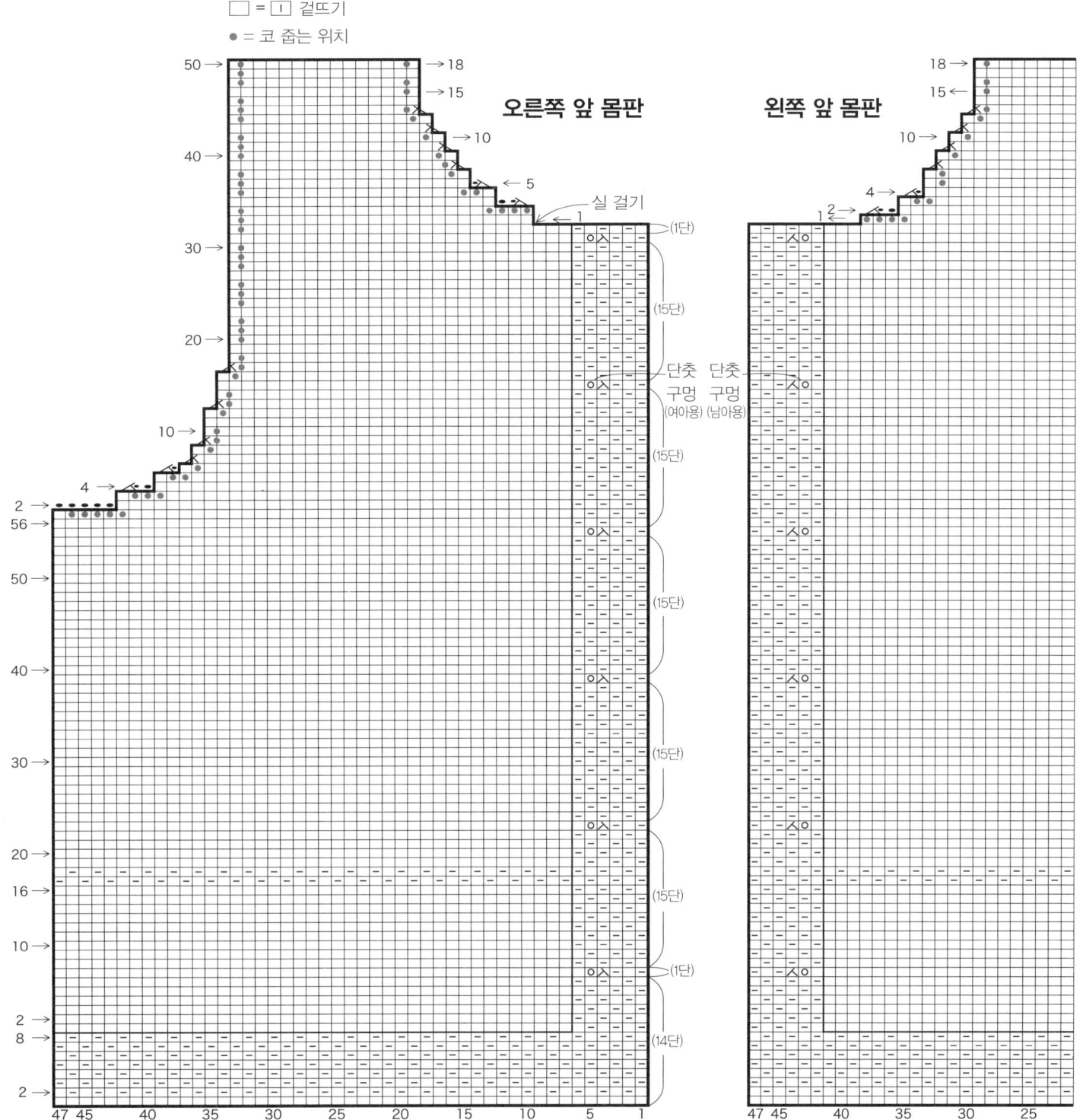

점퍼스커트 & 볼레로

PHOTO p.25

18~24개월

| 준비물 | **실** 하마나카 오가닉 울 필드(병태사) 애시그린(4) [점퍼스커트 150g, 볼레로 100g] 250g/7볼
바늘 대바늘 4mm, 코바늘 5/0호
부자재 지름 13mm 단추 6개 |

완성 치수
점퍼스커트 가슴둘레 57cm, 어깨너비 24.5cm, 기장 40cm
볼레로 가슴둘레 67.5cm, 어깨너비 24cm, 기장 21.5cm, 소매기장 24.5cm

게이지
가로세로 10cm 메리야스뜨기 23코×30단, 무늬뜨기 23코×30단

뜨는 방법 포인트
점퍼스커트 스커트는 밑단부터 일반코잡기로 코를 잡고 메리야스뜨기로 74단 뜹니다. 이어서 뒤 몸판은 1단에서 코를 줄이고 오른쪽을 먼저 뜹니다. 가운데 코는 덮어씌우기로 코막음을 하고 오른쪽을 뜹니다. 앞 몸판은 스커트에 이어서 뜹니다.
마무리 어깨는 덮어씌우기 잇기, 옆선은 떠서 꿰매기를 합니다. 그다음 뒤트임을 처리하고, 밑단·목둘레·진동둘레의 가장자리뜨기를 2단 뜹니다.
볼레로 같은 방법으로 코를 잡고 무늬뜨기로 뜹니다. 어깨는 덮어씌우기 잇기, 옆선·소매 옆선은 떠서 꿰매기를 합니다. 밑단·앞단·소매·소맷부리에 가장자리뜨기를 하고, 소매를 몸판에 빼뜨기로 답니다.

점퍼스커트

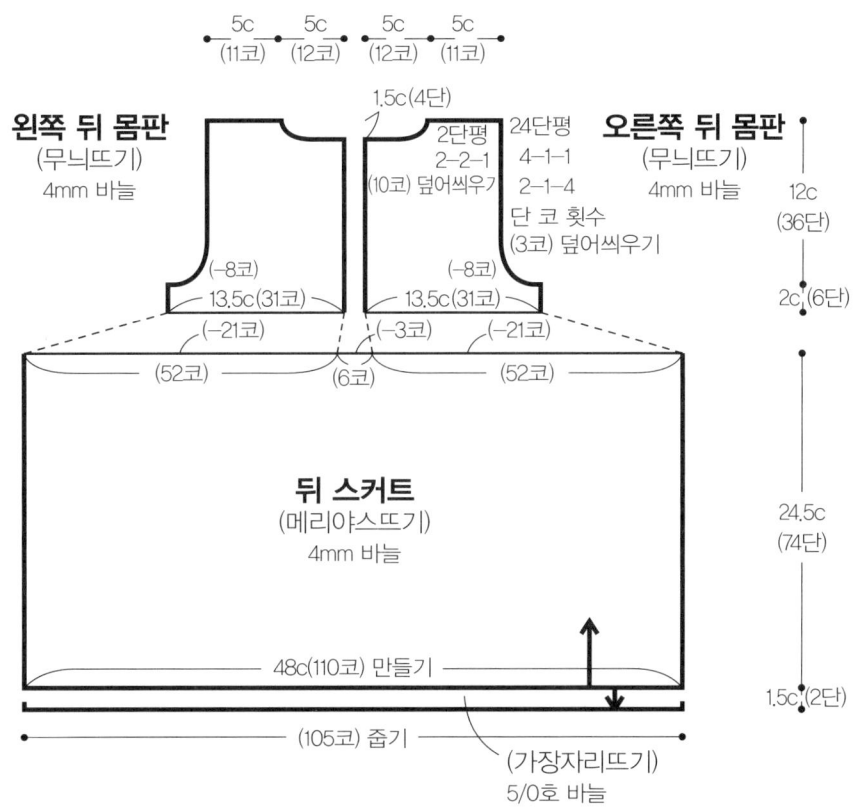

가장자리뜨기(목둘레)

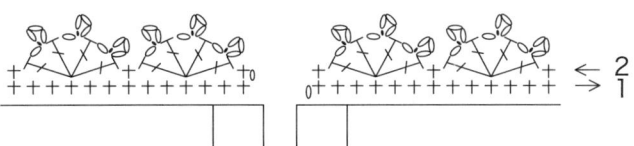

가장자리뜨기(밑단 · 진동둘레)

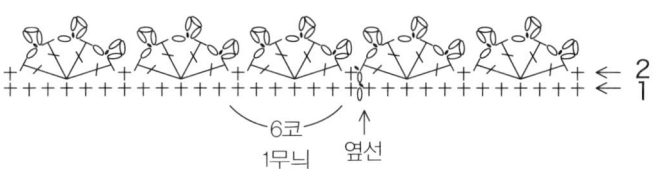

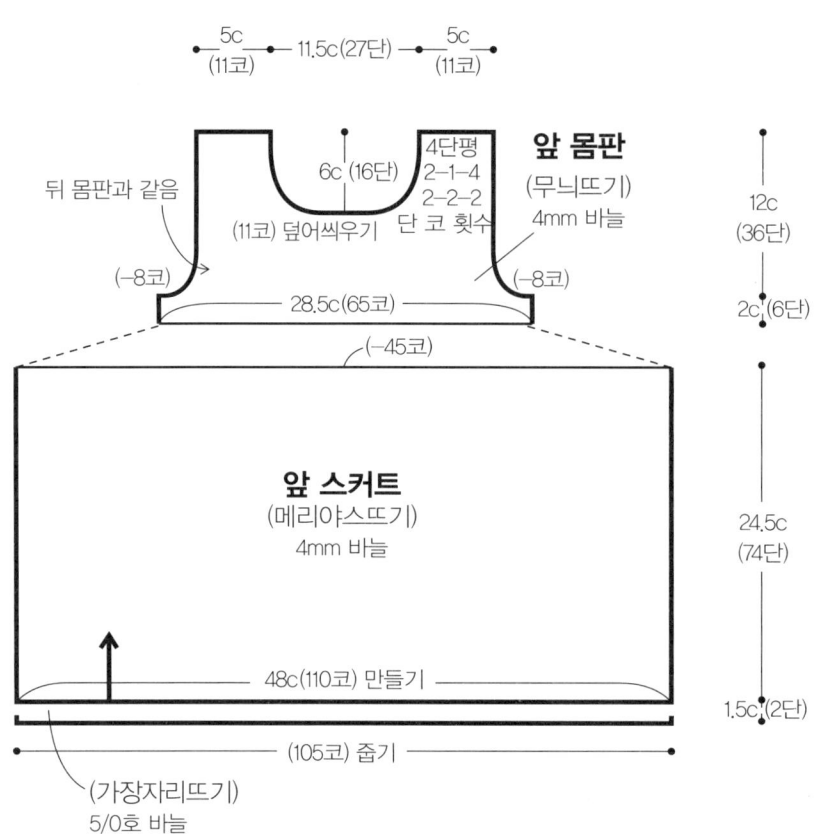

덮어씌워 잇기

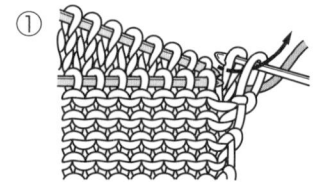
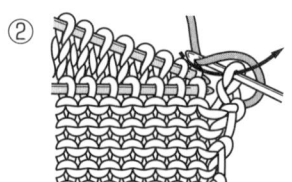
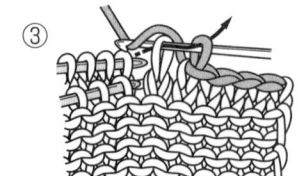
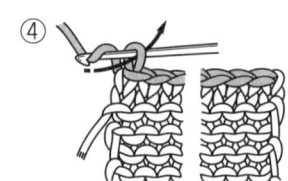

목둘레 · 진동둘레 (가장자리뜨기) 5/0호 바늘

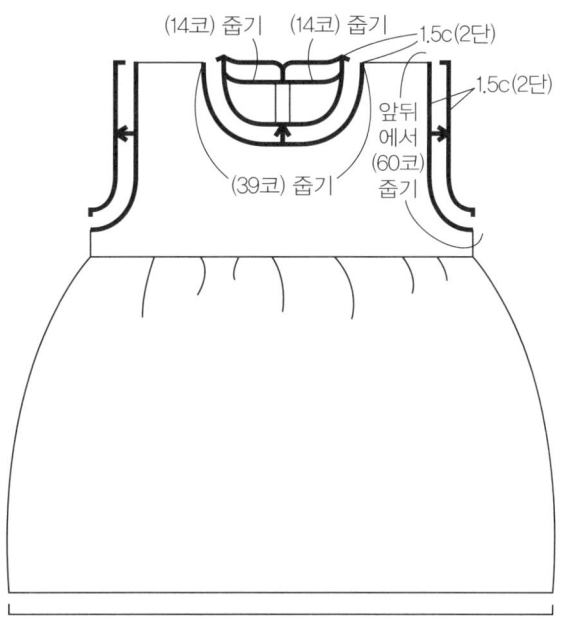

뒤트임 처리 (짧은뜨기) 5/0호 바늘

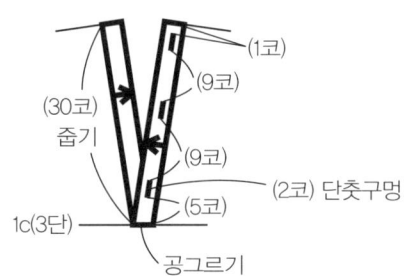

단춧구멍 (뒤트임)

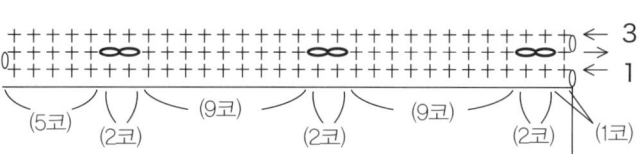

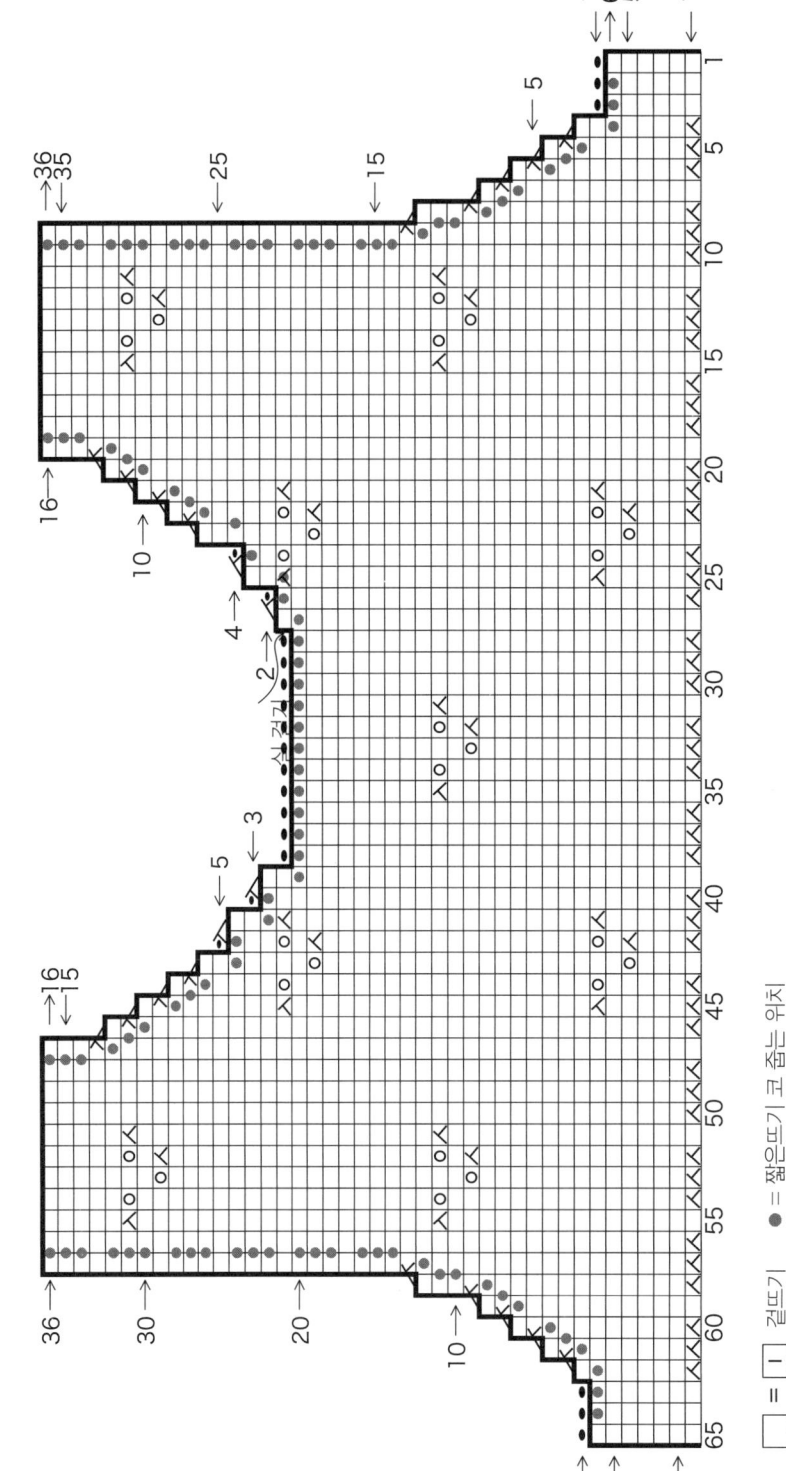

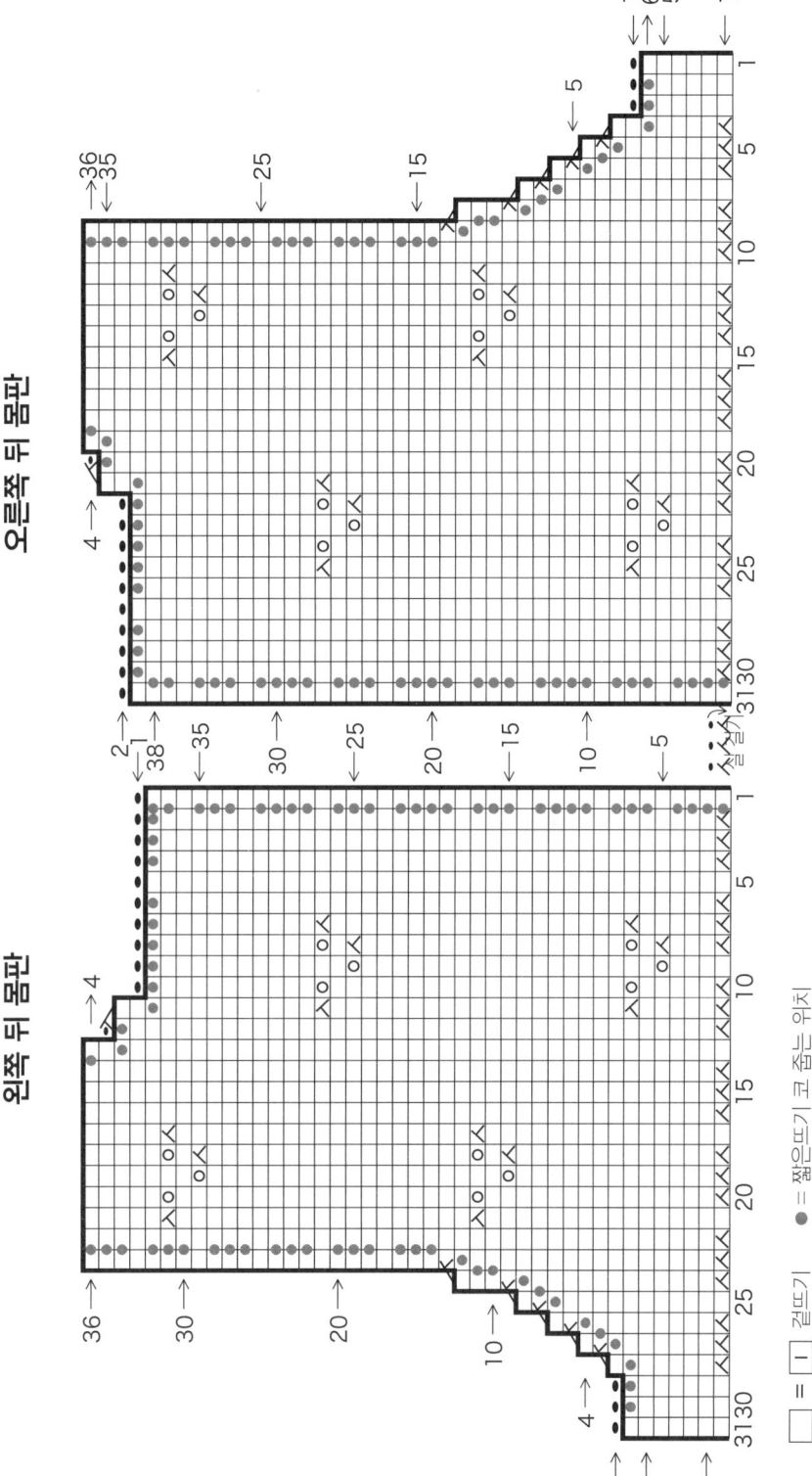

볼레로

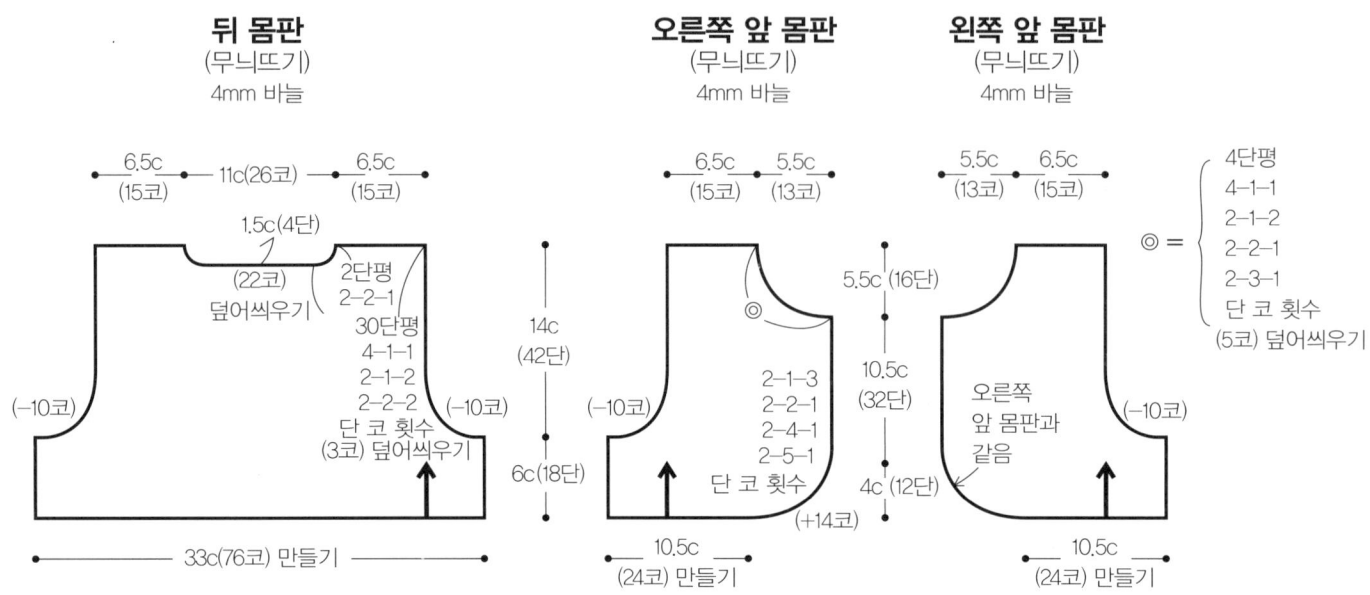

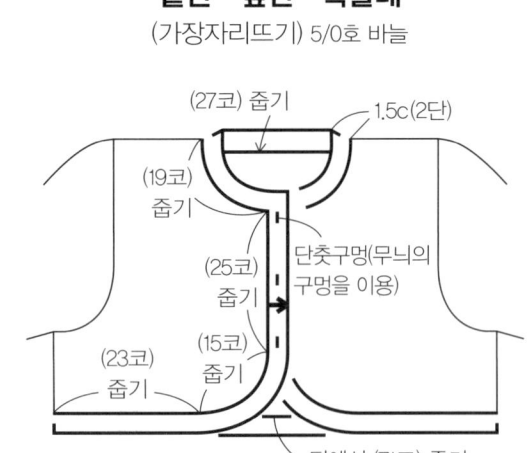

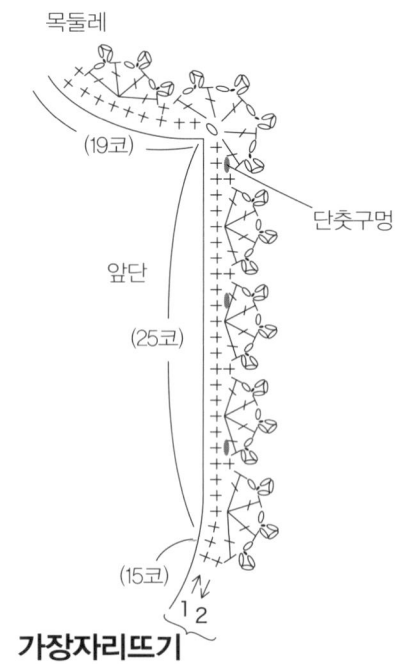

가장자리뜨기

가장자리뜨기(소맷부리)

소매(무늬뜨기)

4mm 바늘

□ = | 겉뜨기　● = 짧은뜨기 코 줍는 위치

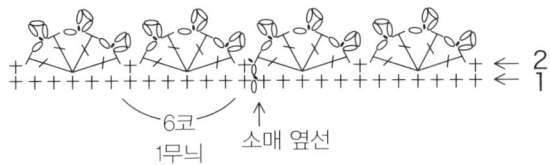

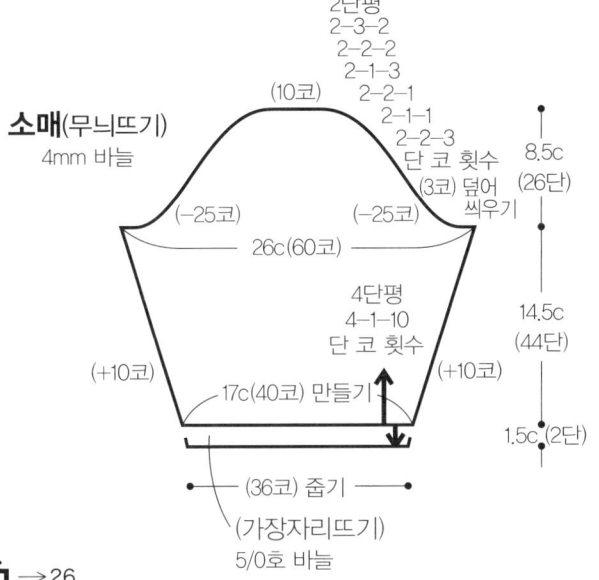

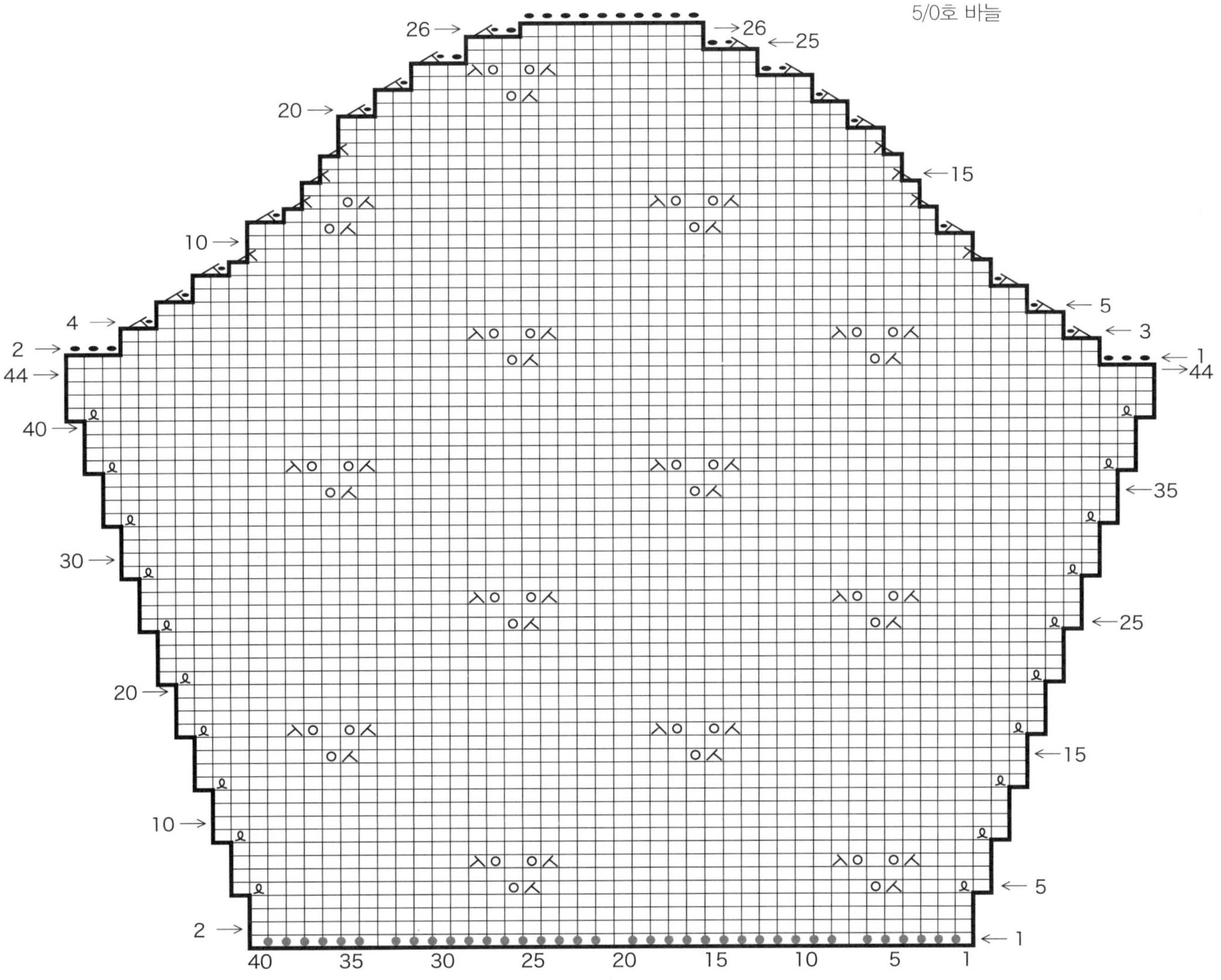

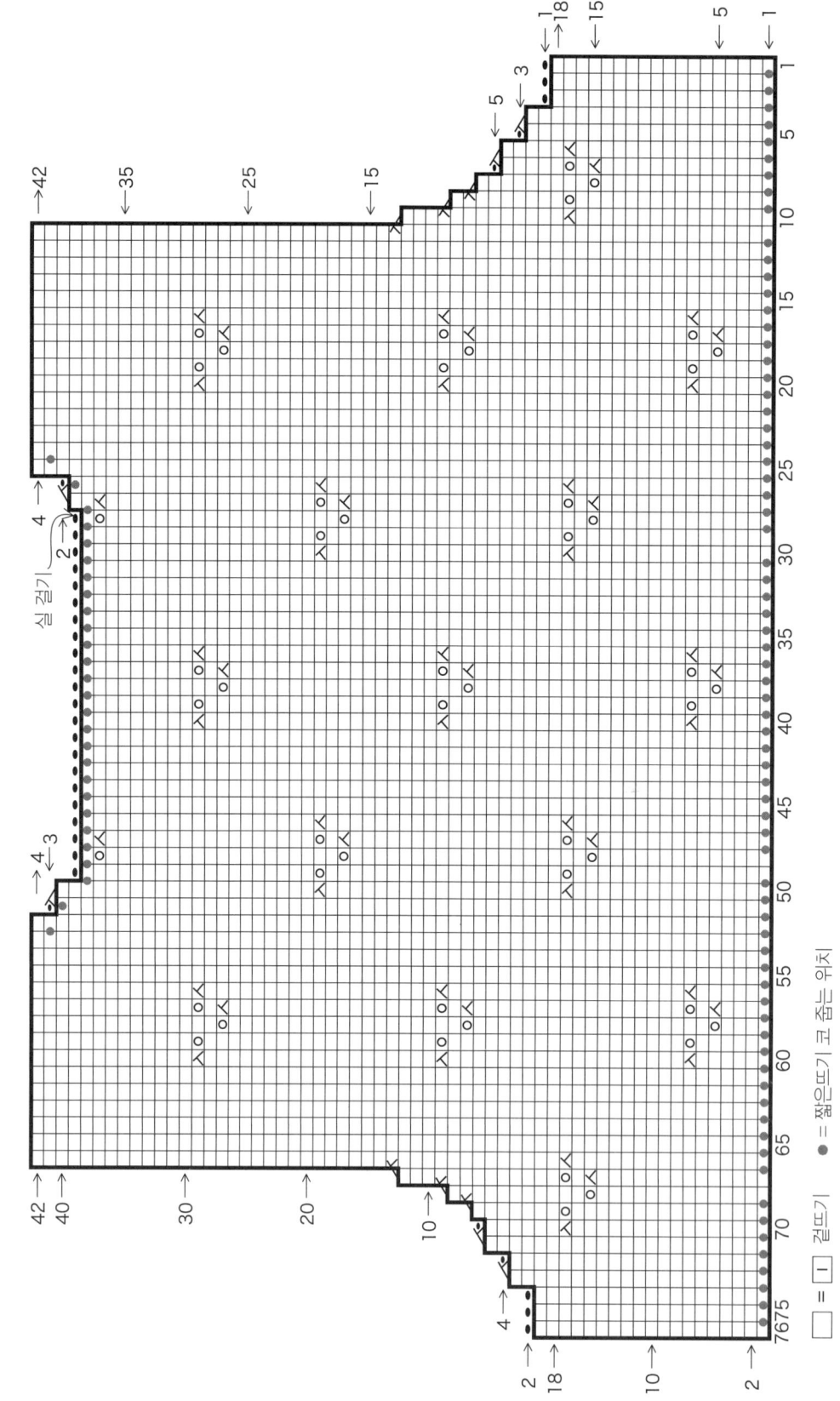

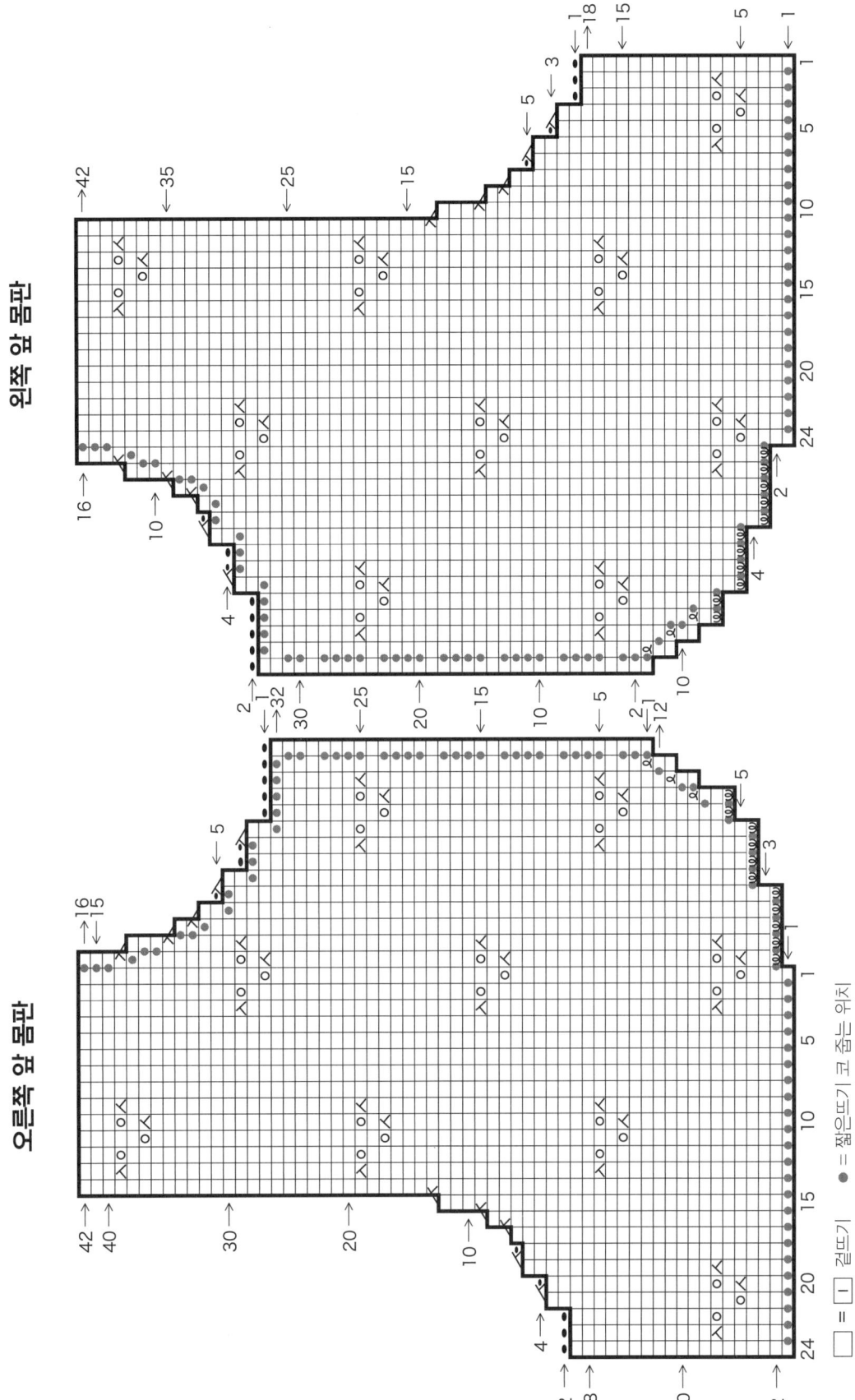

21 카디건

PHOTO p.26

18~24개월

준비물	**실** 하마나카 포므 크로셰(초목 염색)(중세사) 오렌지색(73) 150g/6볼, 라임그린(71), 녹갈색(72), (순면)백아이보리(1) 조금씩/각 1볼 **바늘** 코바늘 3/0호 · 4/0호 **부자재** 지름 15mm 단추 5개, 5mm 진주비즈 6개
완성 치수	가슴둘레 68cm, 어깨너비 24cm, 기장 31cm, 소매길이 25cm
게이지	가로세로 10cm 무늬뜨기 28코×11단
뜨는 방법 포인트	**뒤 몸판** 시작 사슬코를 만들고 사슬의 뒷산을 주워서 무늬뜨기로 뜹니다. 목둘레는 실이 있는 왼쪽을 먼저 뜨고, 실을 걸어서 오른쪽을 뜹니다. **앞 몸판 · 소매** 같은 방법으로 코를 만들어서 그림과 같이 뜨고, 앞 몸판은 대칭으로 2장 뜹니다. **마무리** 어깨는 앞쪽 반코를 주워서 감침질을 하고, 옆선 · 소매 옆선은 떠서 꿰매기를 합니다. 밑단 · 앞단 · 목둘레는 가장자리뜨기A · B, 소맷부리는 가장자리뜨기A를 원통으로 뜹니다. 앞단 · 목둘레 · 소맷부리에 프릴 A · B · C를 뜨고, 소매를 몸판에 빼뜨기 꿰매기로 답니다. 모티브는 각각의 색으로 뜨고, 지정된 위치에 진주비즈로 고정시킵니다.

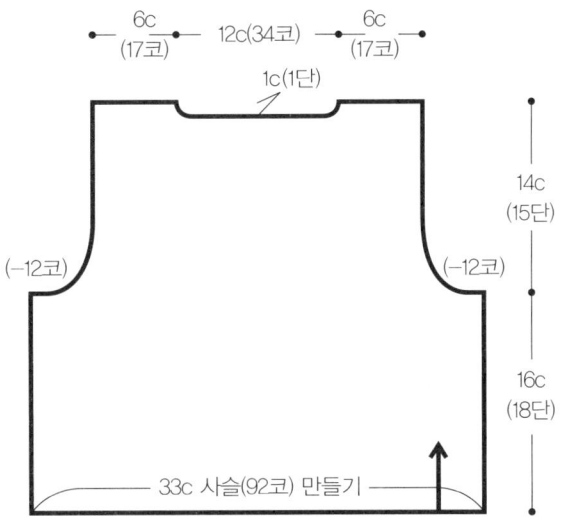

뒤 몸판
(무늬뜨기) 4/0호 바늘

※지정된 것 외에는 모두 오렌지색으로 뜬다.

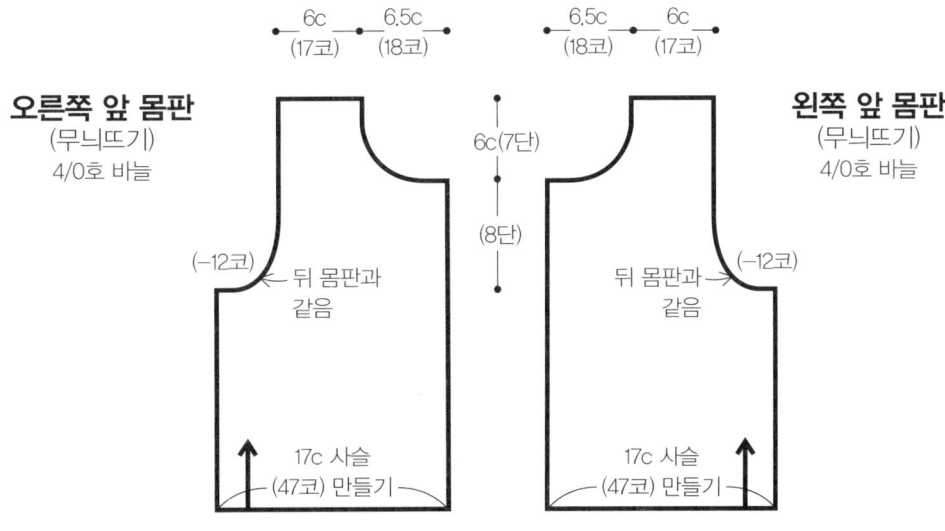

오른쪽 앞 몸판
(무늬뜨기)
4/0호 바늘

왼쪽 앞 몸판
(무늬뜨기)
4/0호 바늘

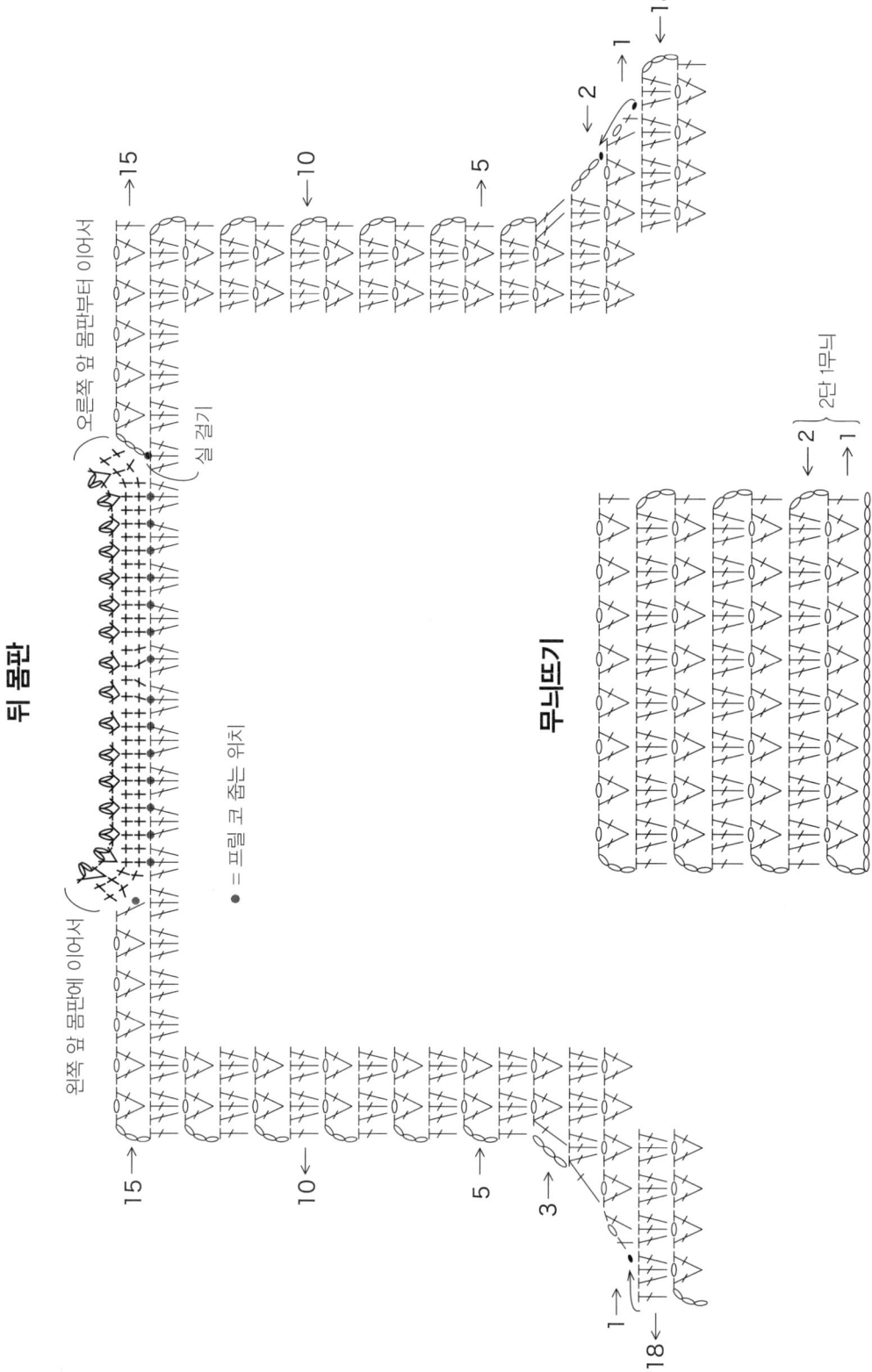

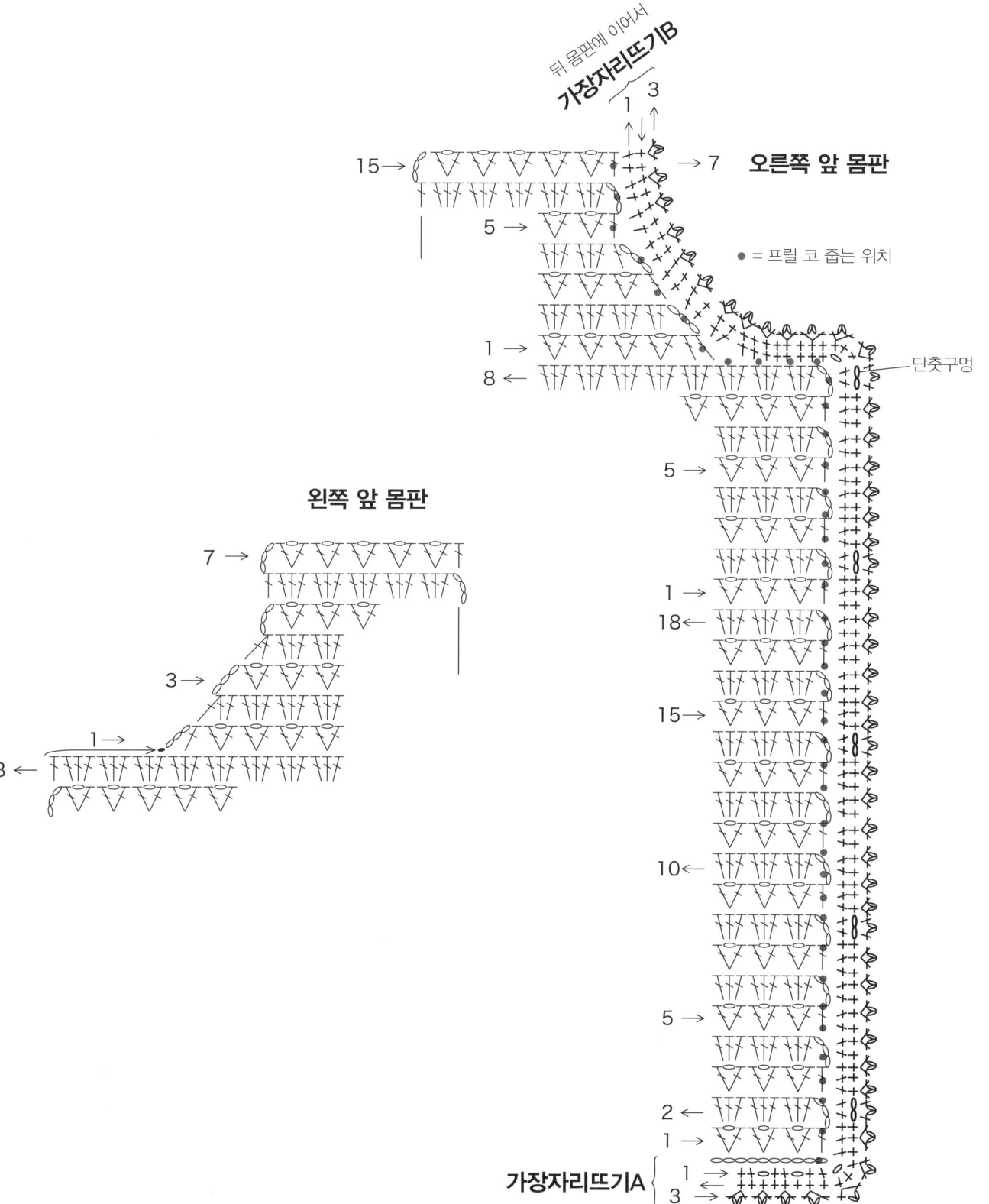

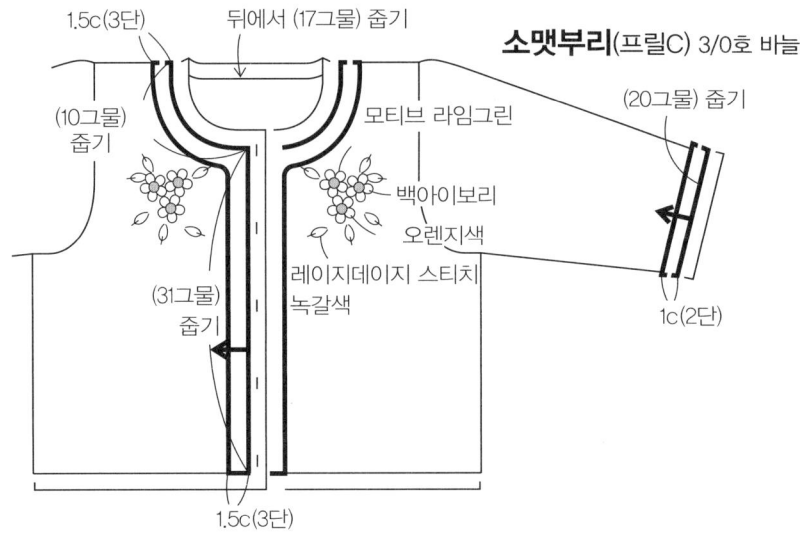

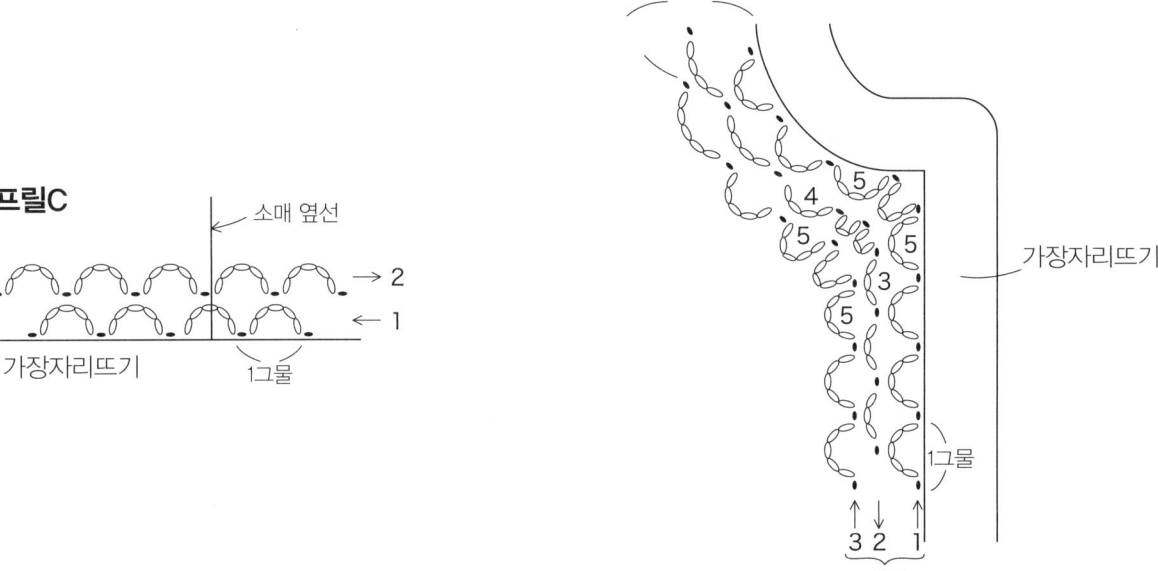

밑단(가장자리뜨기A), 앞단·목둘레(가장자리뜨기B)
3/0호 바늘

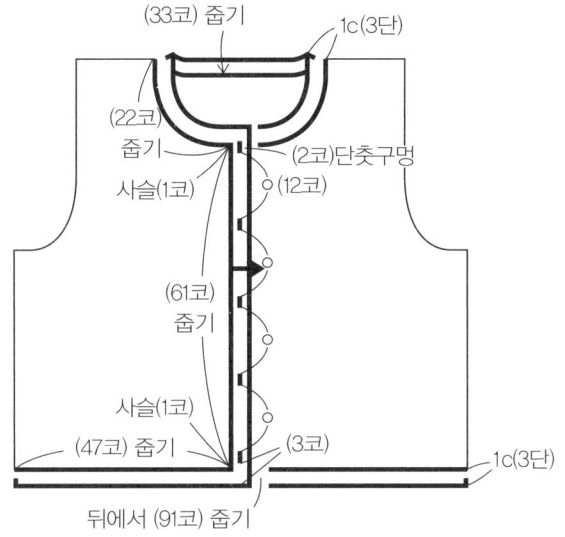

모티브 4/0호 바늘

오렌지색
라임그린
백아이보리
각 2장

← 약 2.5c →

레이지데이지 스티치

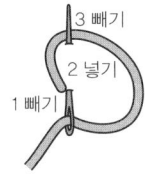
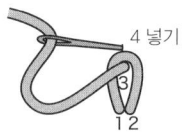

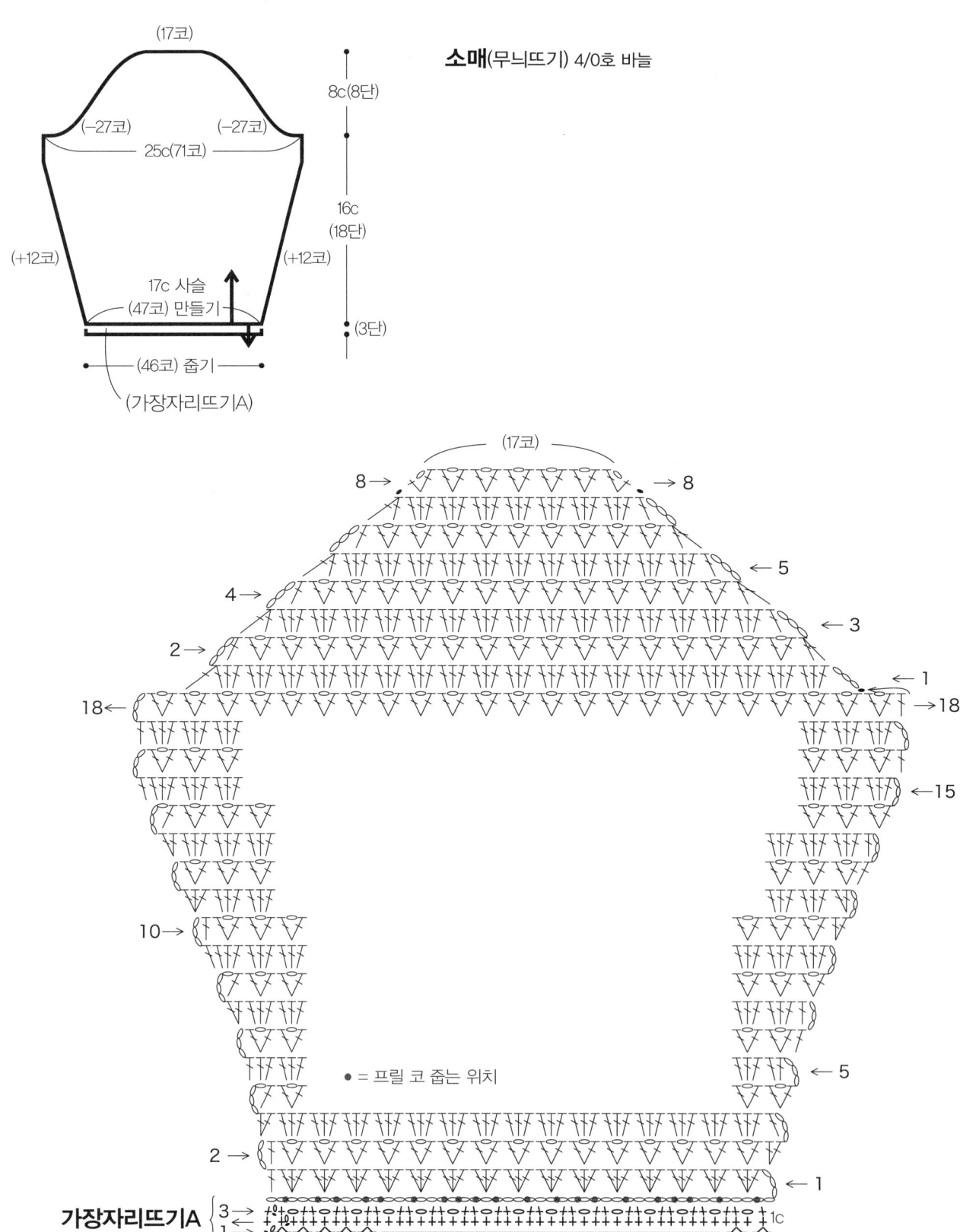

PHOTO p.27

모티브 카디건

18~24개월

준비물	**실** 하마나카 소노모노(합태) 백아이보리(1) 180g/5볼 **바늘** 코바늘 5/0호 **부자재** 지름 15mm 단추 5개
완성 치수	가슴둘레 71.5cm, 어깨너비 28cm, 기장 29.5cm, 소매길이 20.5cm
게이지	가로세로 10cm 무늬뜨기 28코×9단, 모티브 7cm×7cm
뜨는 방법 포인트	**오른쪽 앞 몸판·뒤 몸판·왼쪽 앞 몸판** 모티브는 실감아 원형코를 만들어서 그림과 같이 5단을 뜹니다. 모티브를 34장 다 뜨면 그림과 같이 배치합니다. 모티브는 반코를 주워서 감침질을 해 연결하고, 앞뒤 어깨도 연결합니다. **소매** 사슬뜨기 시작코를 만들고 사슬의 뒷산을 주워서 무늬뜨기를 뜹니다. **마무리** 소매 옆선은 '짧은뜨기1코, 사슬뜨기2코'의 사슬뜨기 꿰매기를 합니다. 목둘레·밑단·앞단은 가장자리뜨기A·B로 그림과 같이 뜨고, 소매는 몸판과 겉끼리 맞대어 '짧은뜨기1코, 사슬뜨기2코'의 사슬뜨기 꿰매기로 답니다.

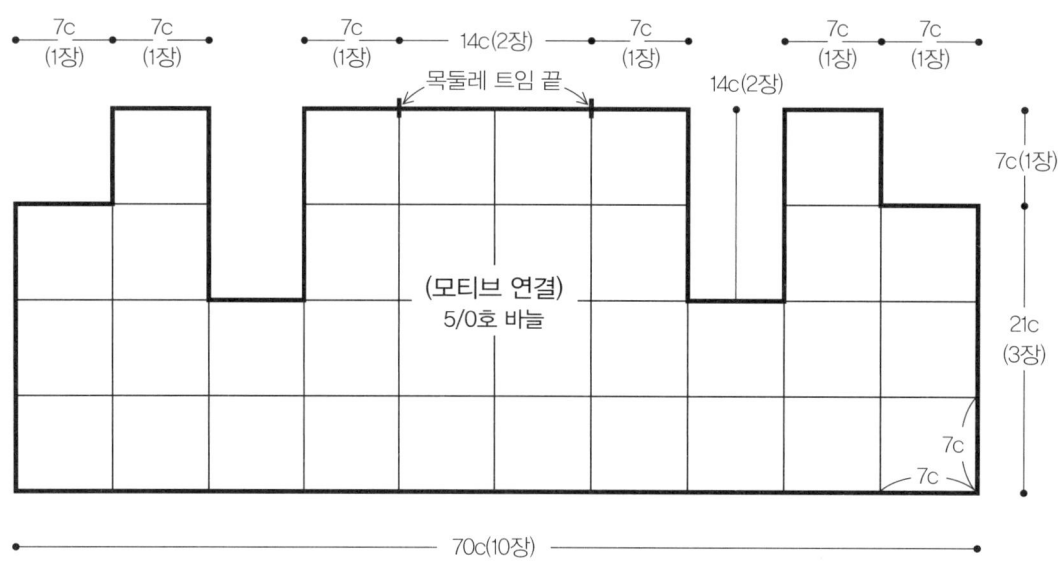

1길긴뜨기 3코 구슬뜨기
(다발로 주워서 뜨기)

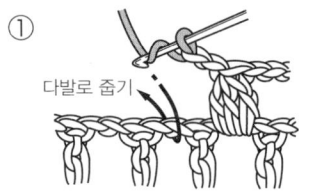

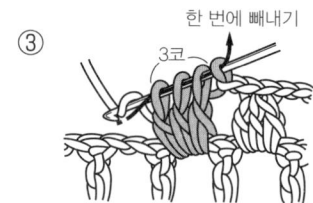

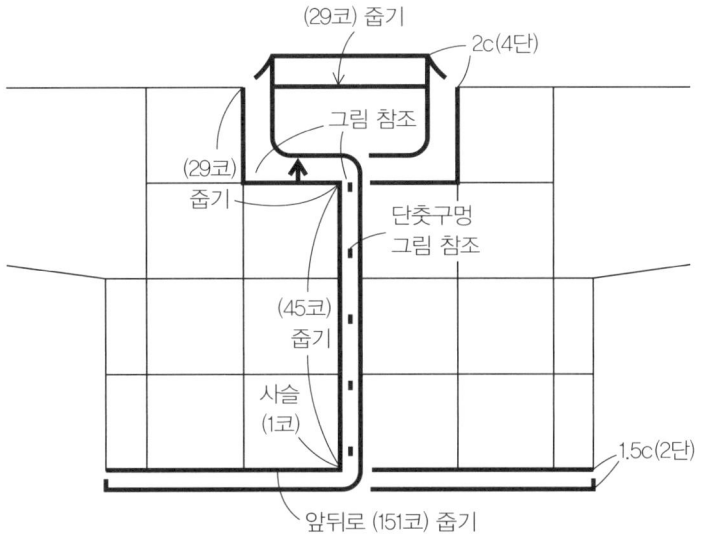

목둘레(가장자리뜨기A)
밑단 · 앞단(가장자리뜨기B)

5/0호 바늘

반코 주워서 감침질

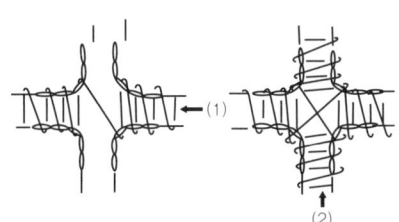

모티브 겉이 보이게 나란히 맞대고 돗바늘로
(1)을 잇고, 이어서 (2)를 잇는다.

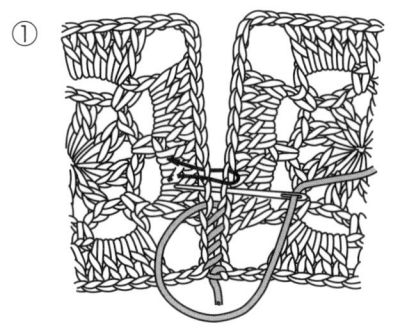

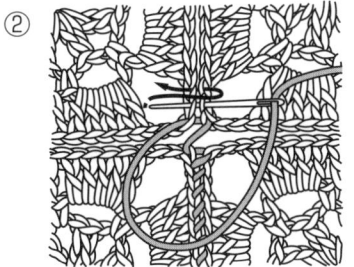

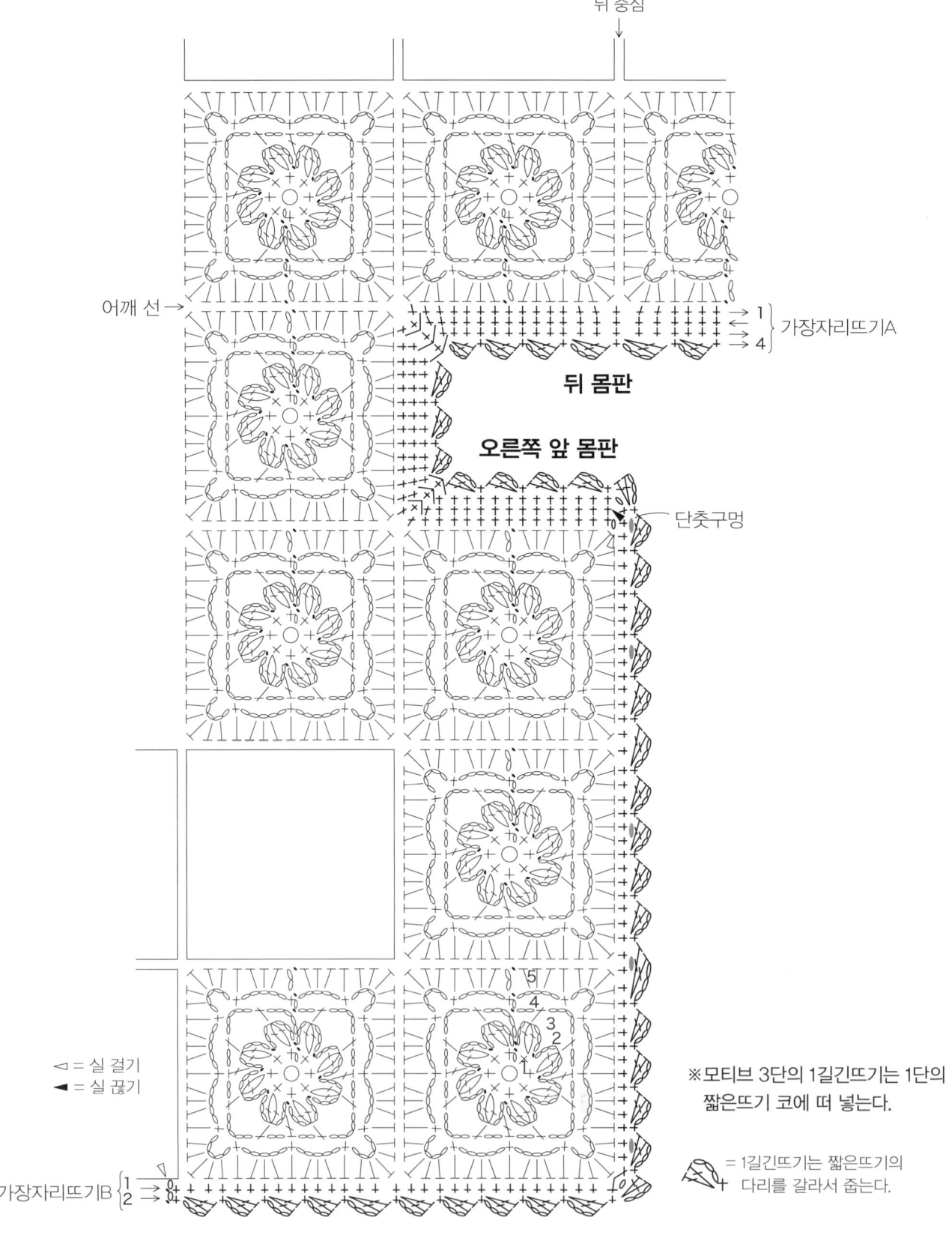

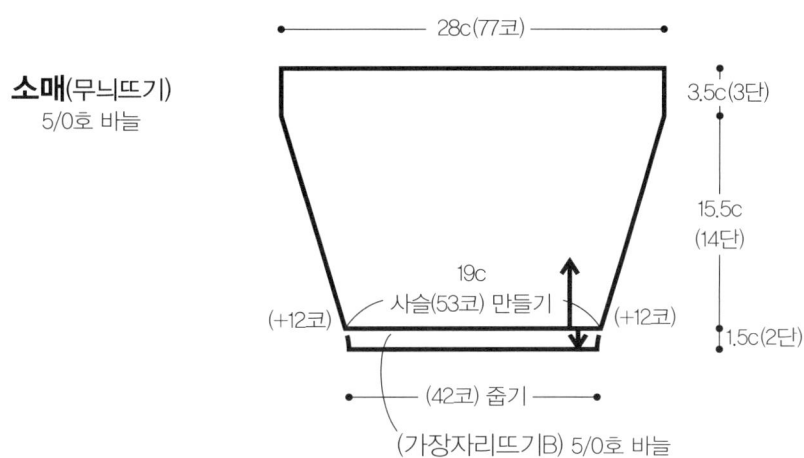

소매(무늬뜨기)
5/0호 바늘

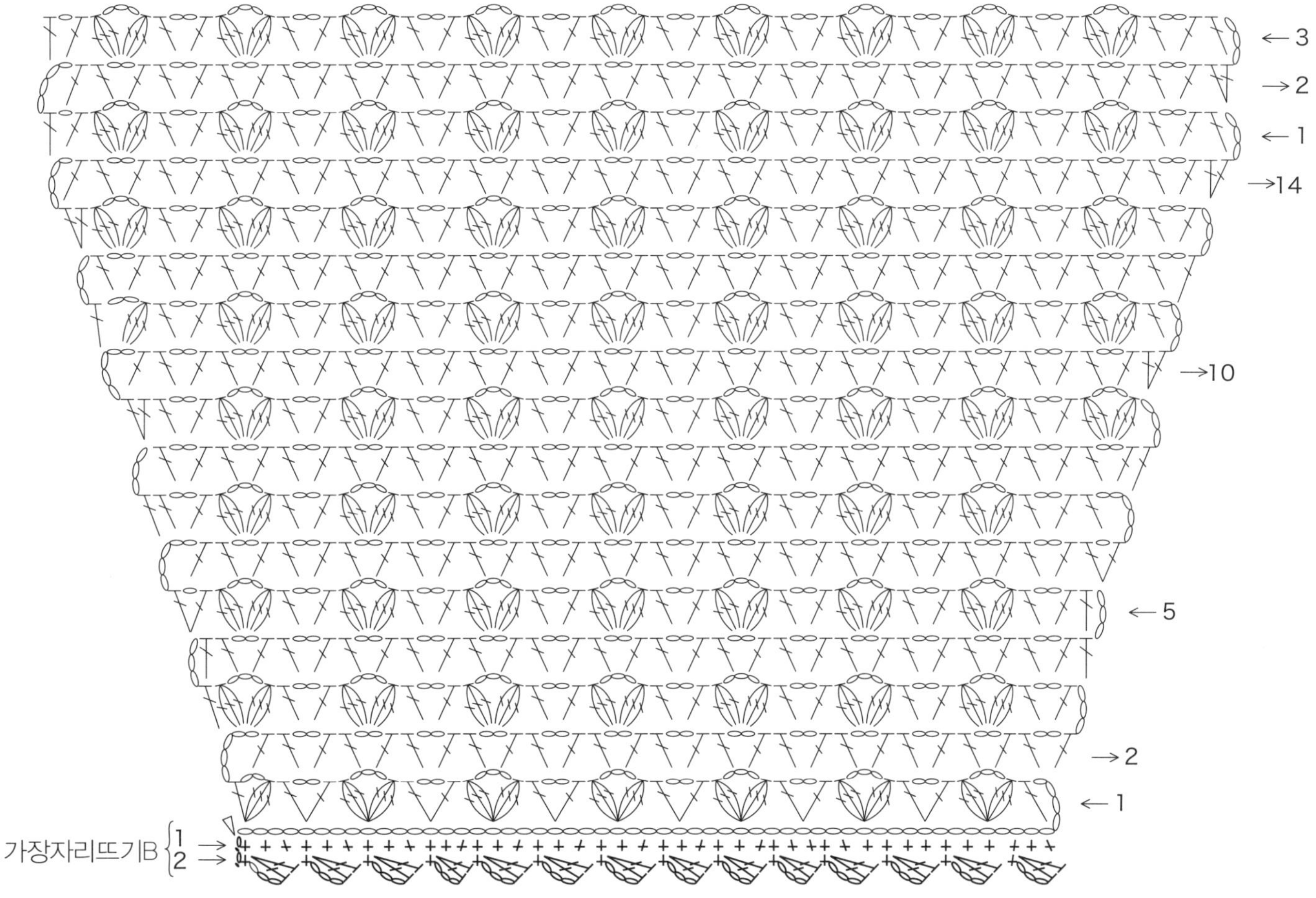

23 후드 더플코트 & 팬츠

PHOTO p.28

18~24개월

준비물	**실** 하마나카 귀여운 아기(병태사) 샌드베이지(25) [코트 220g, 팬츠 110g] 330g/9볼 **바늘** 대바늘 4mm, 코바늘 5/0호 **부자재** 폭 4cm의 토글 3개, 폭 18mm 고무줄 50cm
완성 치수	**코트** 가슴둘레 67.5cm, 어깨너비 23cm, 기장 40cm, 소매길이 25cm **팬츠** 허리둘레 48cm, 기장 32cm
게이지	가로세로 10cm 무늬뜨기 20코×28단, 메리야스뜨기 19코×26단
뜨는 방법 포인트	**코트** 뒤 몸판·앞 몸판은 밑단부터 일반코잡기로 코를 잡아서 그림과 같이 뜨고, 어깨는 쉼코로 둡니다. **마무리** 어깨는 겉끼리 맞대어 덮어씌우기 잇기를 하고, 소매는 몸판에서 주워서 뜹니다. 몸판의 진동둘레 10코와 소매의 14단을 맞추어 코와 단 잇기를 하고, 옆선·소매 옆선은 떠서 꿰매기를 합니다. 후드는 앞 몸판의 쉼코와 뒤 몸판의 코막음 부분을 주워서 그림과 같이 뜹니다. 끈은 이중 사슬뜨기로 6개 만들고, 그림과 같이 답니다.

코트

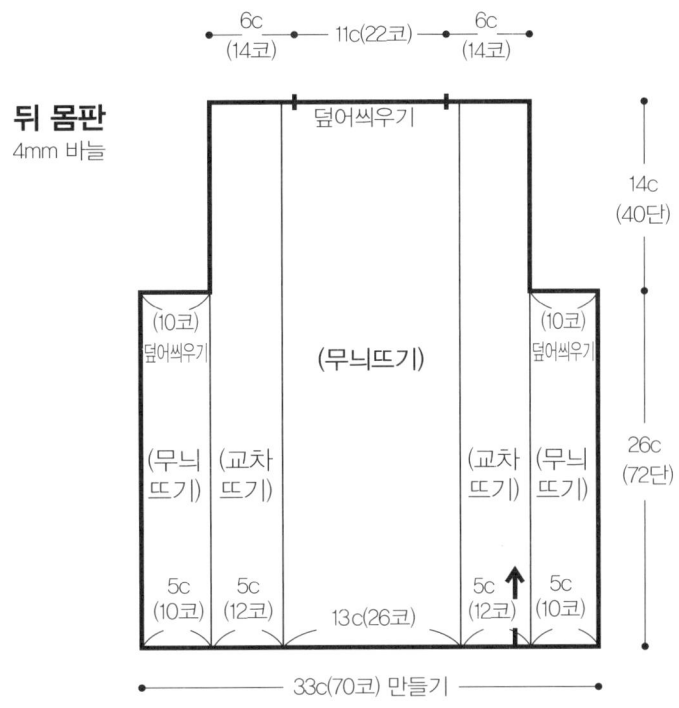

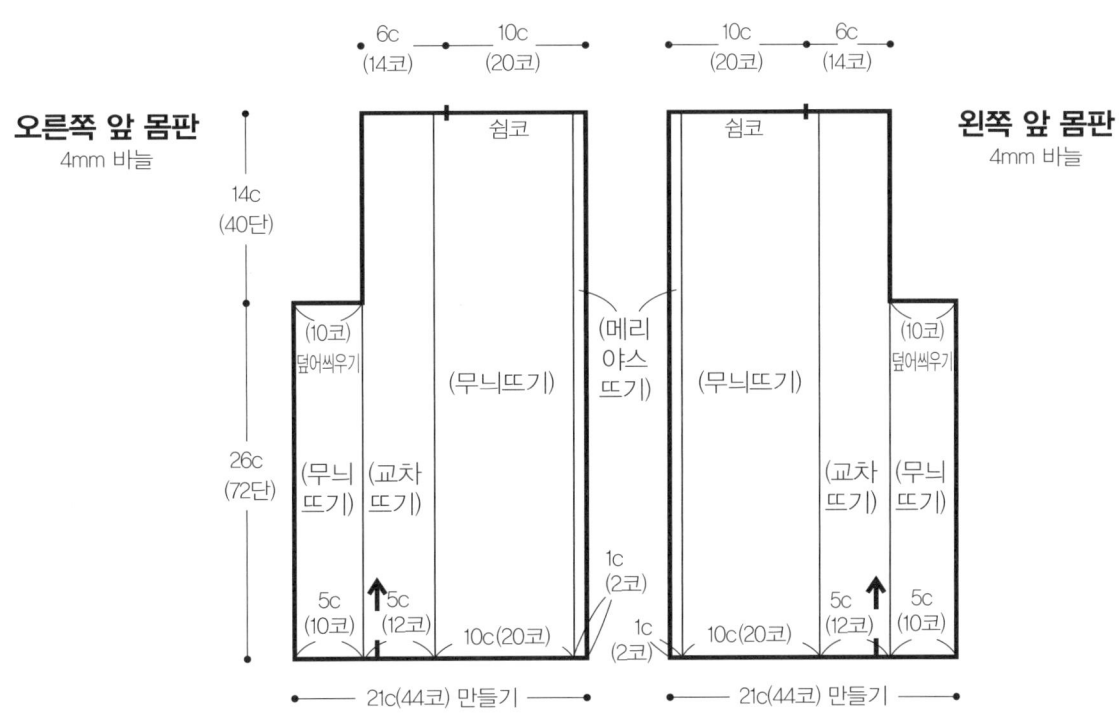

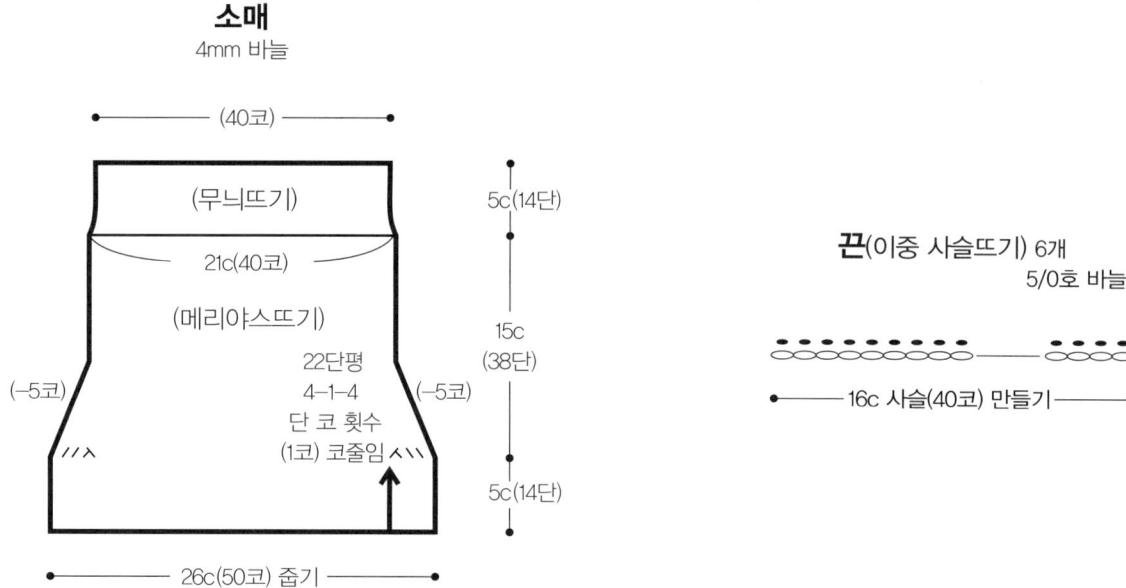

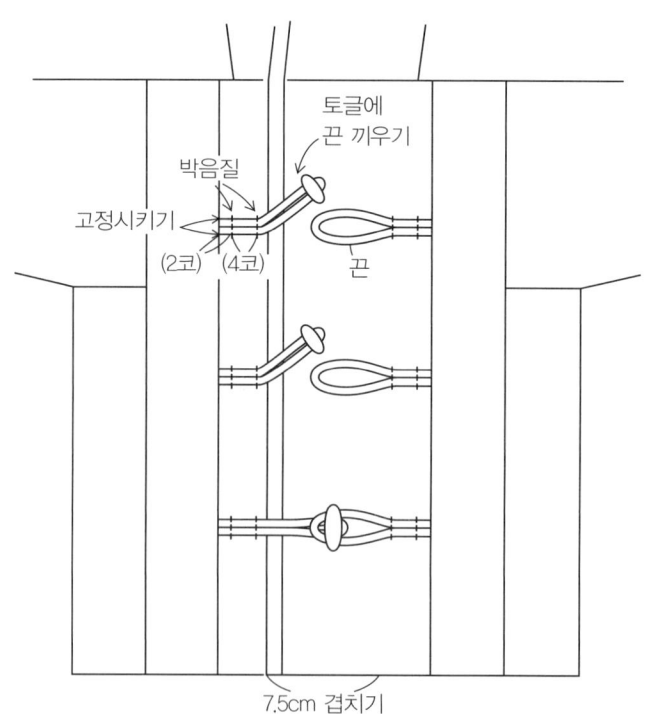

※후드 뜨는 방법은 p.164~165, 팬츠 뜨는 방법은 p.166을 참조한다.

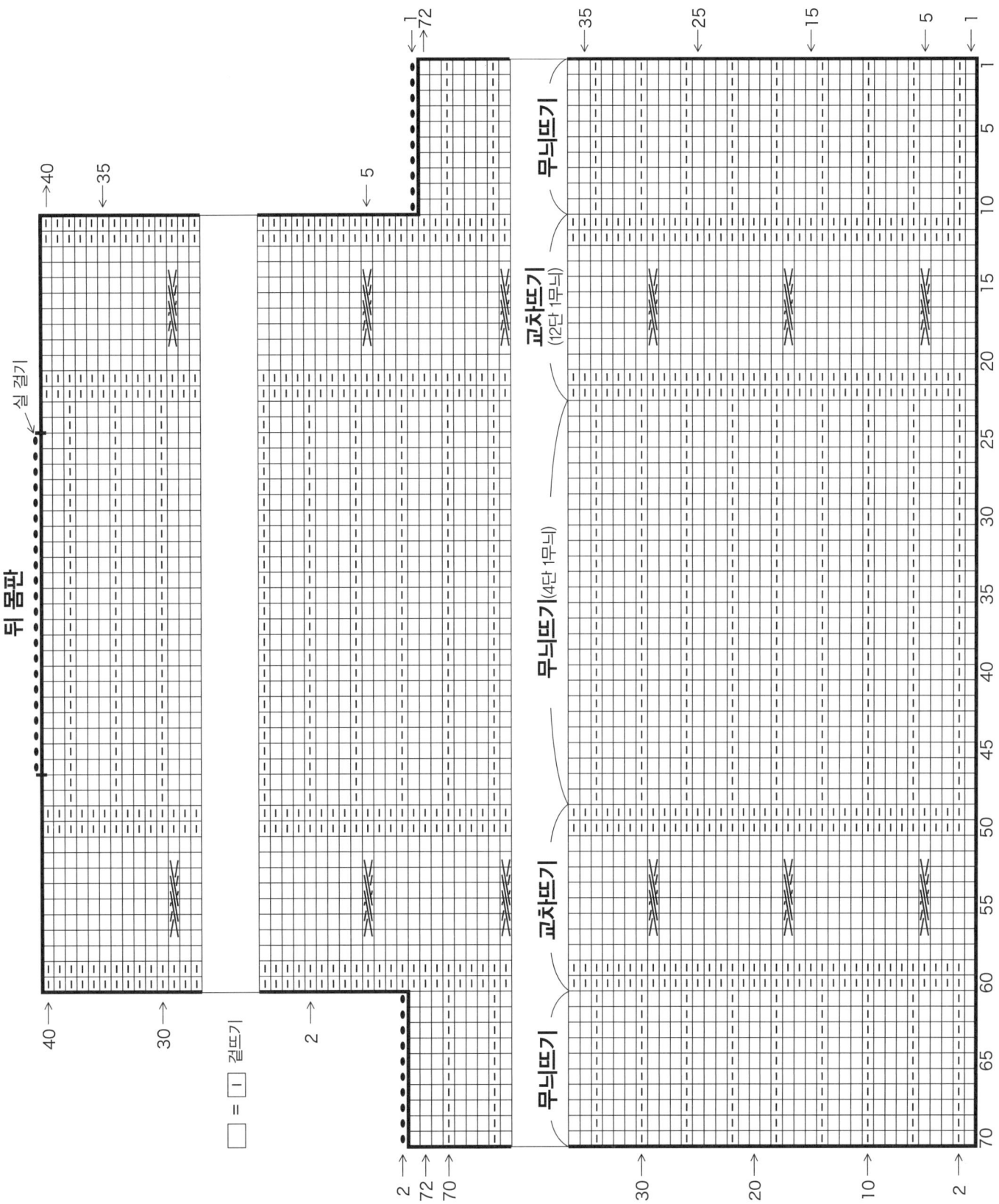

후드

후드
4mm 바늘

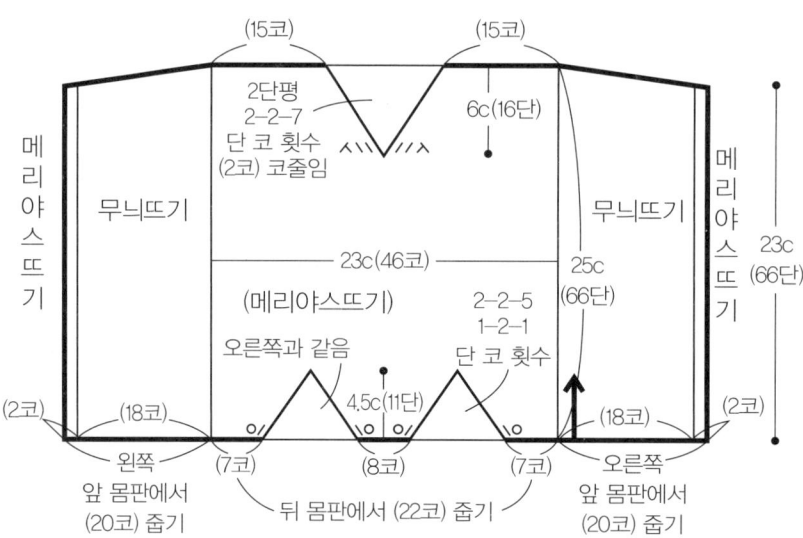

바늘비우기와 돌려뜨기로 코 늘리기

오른쪽 ① 오른쪽 바늘에 실을 걸어서 바늘비우기를 한다.
② 다음 단에서 전 단의 바늘비우기 코를 돌려뜨기로 뜬다.

왼쪽 ① 바늘비우기
② 다음 단에서 전 단의 바늘비우기 코를 돌려뜨기로 뜬다.

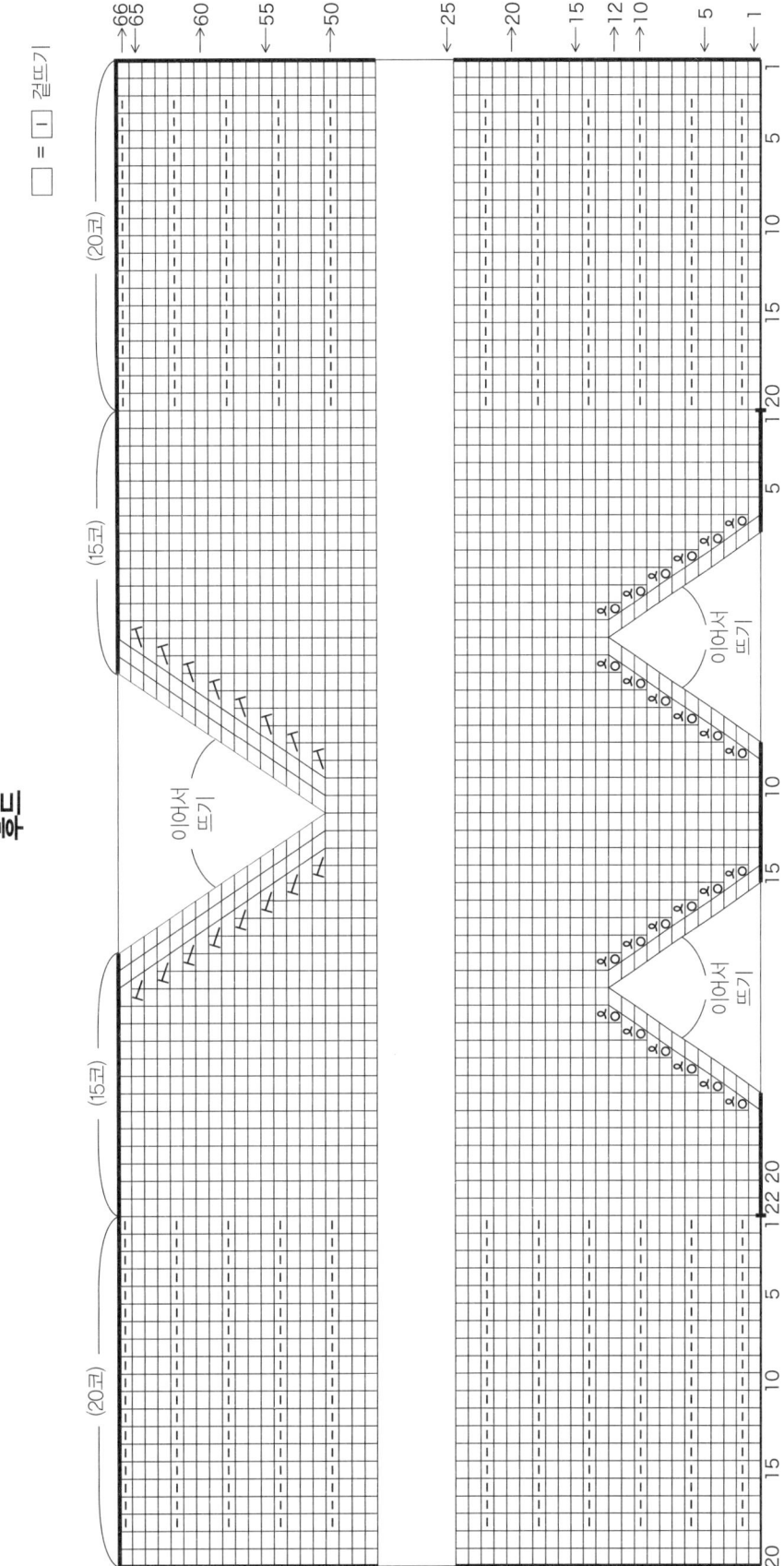

팬츠

벨트부터 같은 방법으로 코를 잡아서 원통으로 뜹니다. 다리 부분을 그림과 같이 나눠서 왼쪽과 오른쪽 다리를 원통으로 뜹니다. 2코 고무뜨기의 마무리는 겉뜨기는 겉뜨기로, 안뜨기는 안뜨기로 떠서 덮어씌우기를 합니다. 벨트 부분을 안면으로 반 접고, 고무줄을 끼운 후 공그르기를 합니다.

팬츠
4mm 바늘

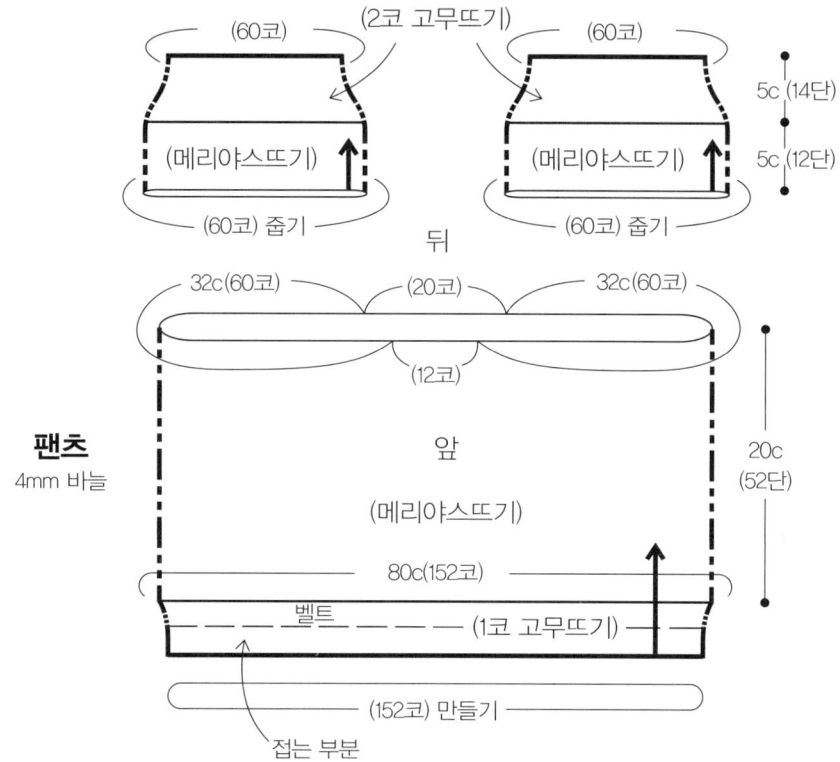

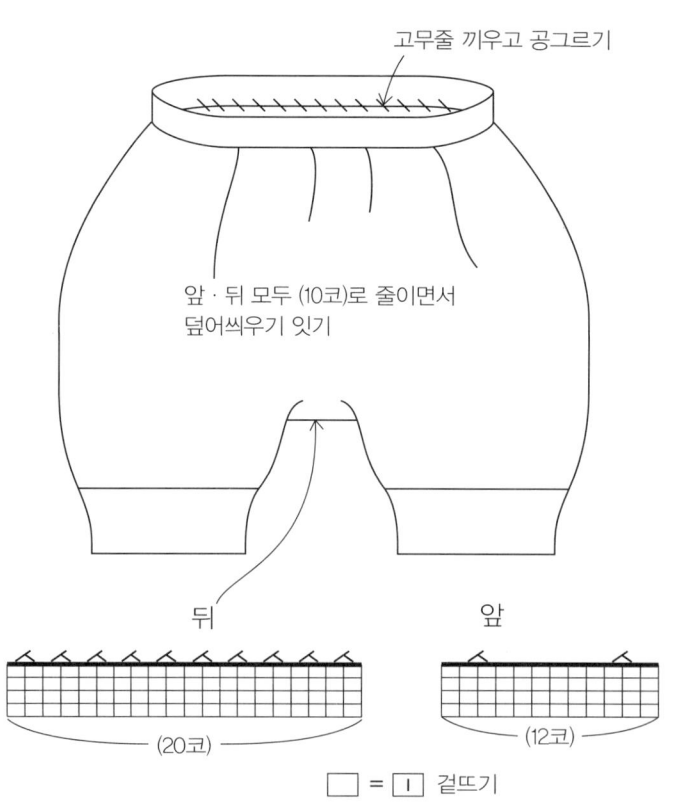

166

시작코를 원으로 만들기

①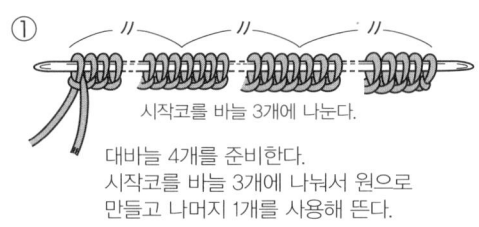
시작코를 바늘 3개에 나눈다.

대바늘 4개를 준비한다.
시작코를 바늘 3개에 나눠서 원으로 만들고 나머지 1개를 사용해 뜬다.

②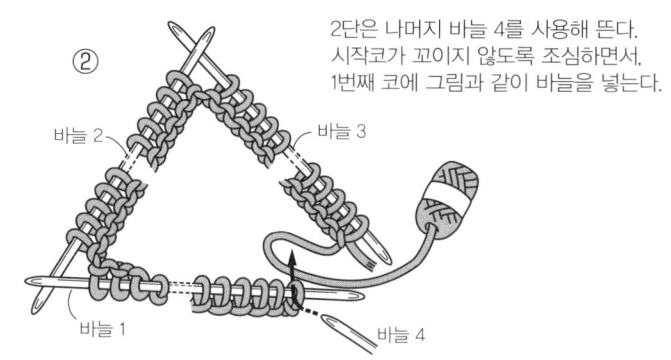
2단은 나머지 바늘 4를 사용해 뜬다.
시작코가 꼬이지 않도록 조심하면서,
1번째 코에 그림과 같이 바늘을 넣는다.

③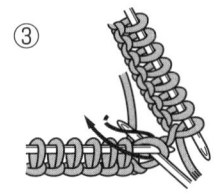
이어서 뜬다. 바늘 1을 다 떴으면,
바늘 1을 사용해 바늘 2에 걸려 있는
코를 주워서 뜨고, 바늘을 바꾸면서
빙글빙글 뜬다.

스퀘어 소매 진동둘레

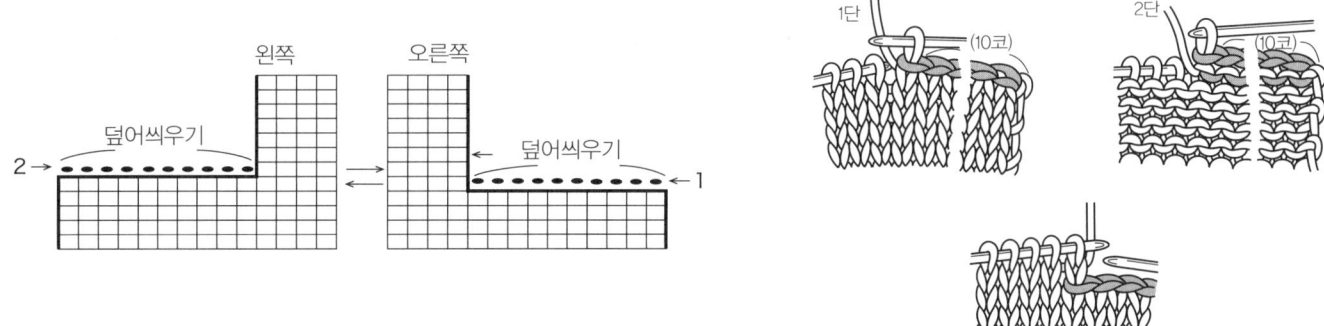

코와 단 잇기
(코를 덮어씌우기 한 경우)

①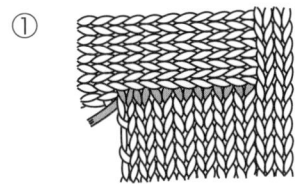

②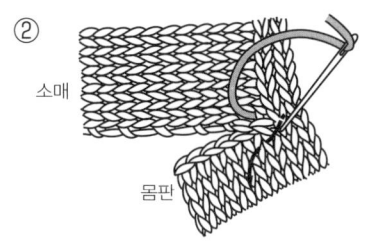

24 PHOTO p.30

케이프

18~24개월

준비물	**실** 하마나카 귀여운 아기(병태사) 그레이시 핑크(23) 120g/3볼, 라임그린(21) 40g, 백아이보리(2) 20g/각 1볼 **바늘** 코바늘 5/0호
완성 치수	밑단 둘레 129cm, 기장 28.5cm
뜨는 방법 포인트	목둘레부터 시작 사슬코를 만들고 사슬의 뒷산과 반코를 주워서 9무늬를 만듭니다. 줄무늬뜨기로 그림과 같이 등분 코늘리기를 합니다. 목둘레는 가장자리뜨기A, 앞단·밑단은 가장자리뜨기B로 그림과 같이 뜹니다. 모티브는 실감아 원형코를 만들어서 그림과 같이 2장 뜨고, 1단만 2장 더 뜹니다. 끈을 목둘레의 지정된 위치에 끼우고, 끈의 양 끝에 모티브를 답니다. 방울은 9개 만들고, 사슬 10코의 끝을 방울의 심지에 달고, 지정된 위치의 사슬에 끼우고 나머지 한쪽을 방울의 심지에 고정시킵니다.

완성 그림

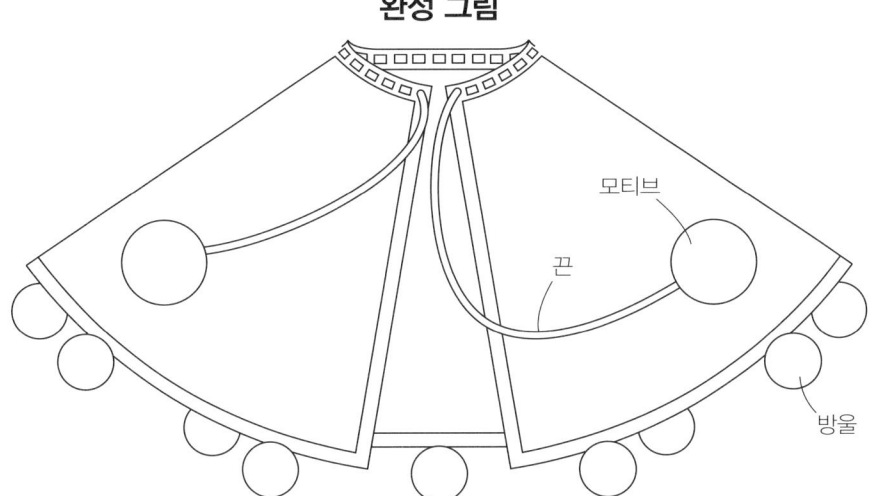

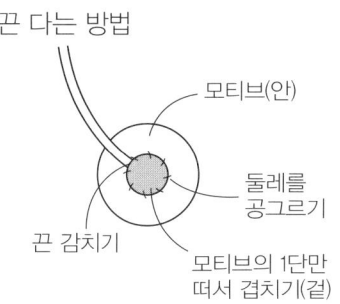

끈 다는 방법
- 모티브(안)
- 둘레를 공그르기
- 모티브의 1단만 떠서 겹치기(겉)
- 끈 감치기
- 방울

모티브 5/0호 바늘 2장

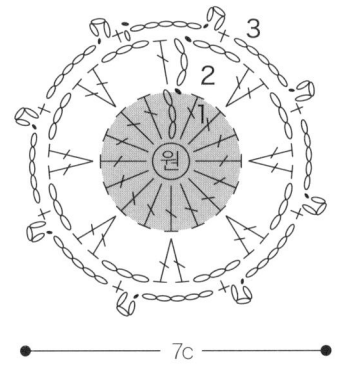

7c

모티브 배색

3단	48코	백아이보리
2단	40코	라임그린
1단	16코	그레이시 핑크
원형 코		

※1단만 2장 더 뜬다.

끈(이중 사슬뜨기) 5/0호 바늘
그레이시 핑크

110c 사슬(250코) 만들기

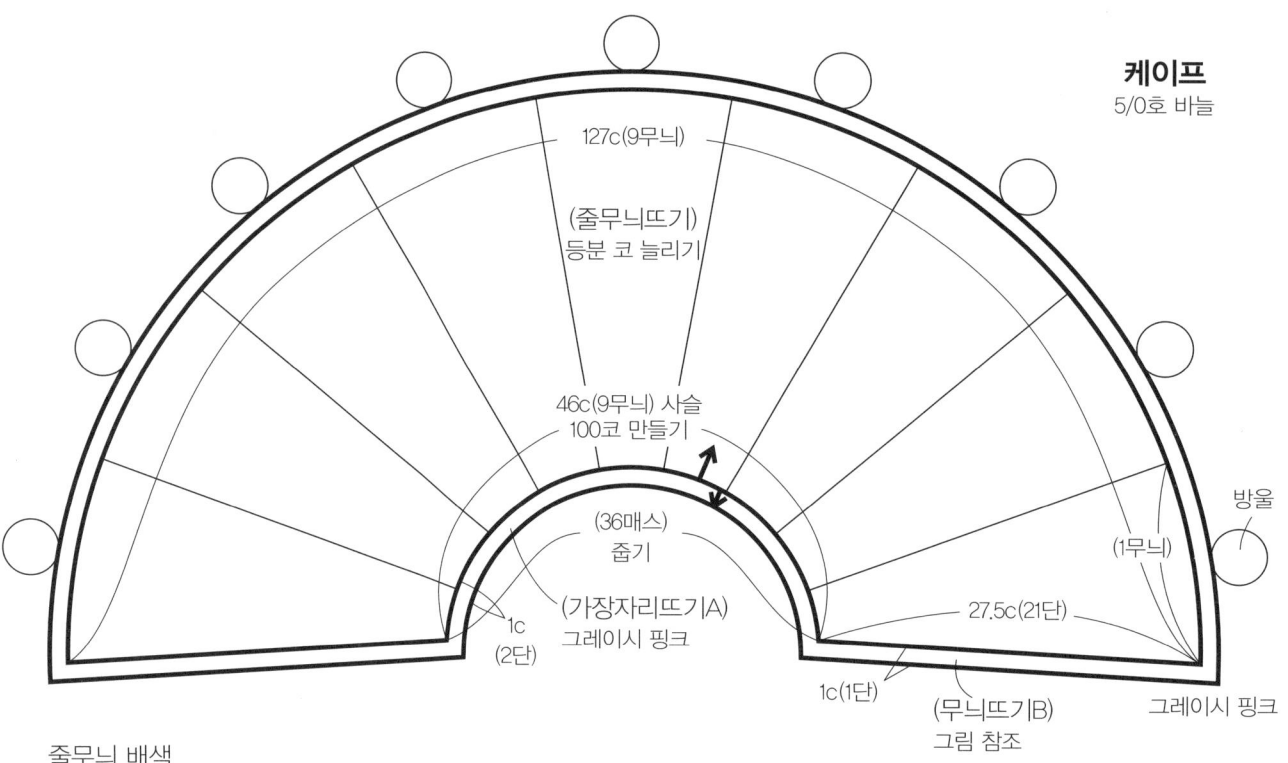

케이프
5/0호 바늘

127c(9무늬)

(줄무늬뜨기)
등분 코 늘리기

46c(9무늬) 사슬
100코 만들기

(36매스)
줍기

(가장자리뜨기A)
그레이시 핑크

1c
(2단)

1c(1단)

(무늬뜨기B)
그림 참조

27.5c(21단)

(1무늬)

방울

그레이시 핑크

줄무늬 배색

20~21단	그레이시 핑크
19단	백아이보리
18단	라임그린
17단	백아이보리
1~16단	그레이시 핑크

방울 지름 4c 9개
　　　라임그린

사슬 10코를 만들고, 원으로 해서
방울 위치에 끼워서 단다.

※방울은 6c의 두꺼운 종이에 60번 감는다.

긴뜨기 3코 변형 구슬뜨기

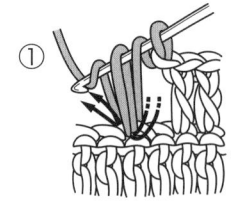 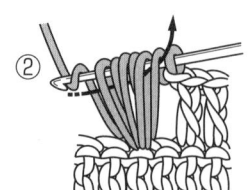 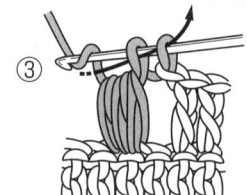 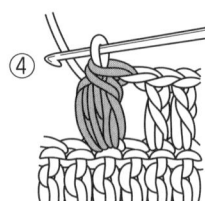

① ② ③ ④

피코빼뜨기

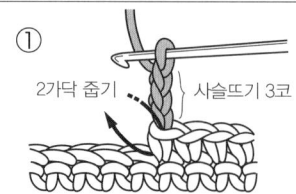  

① 2가닥 줍기　사슬뜨기 3코　② 빼내기　③

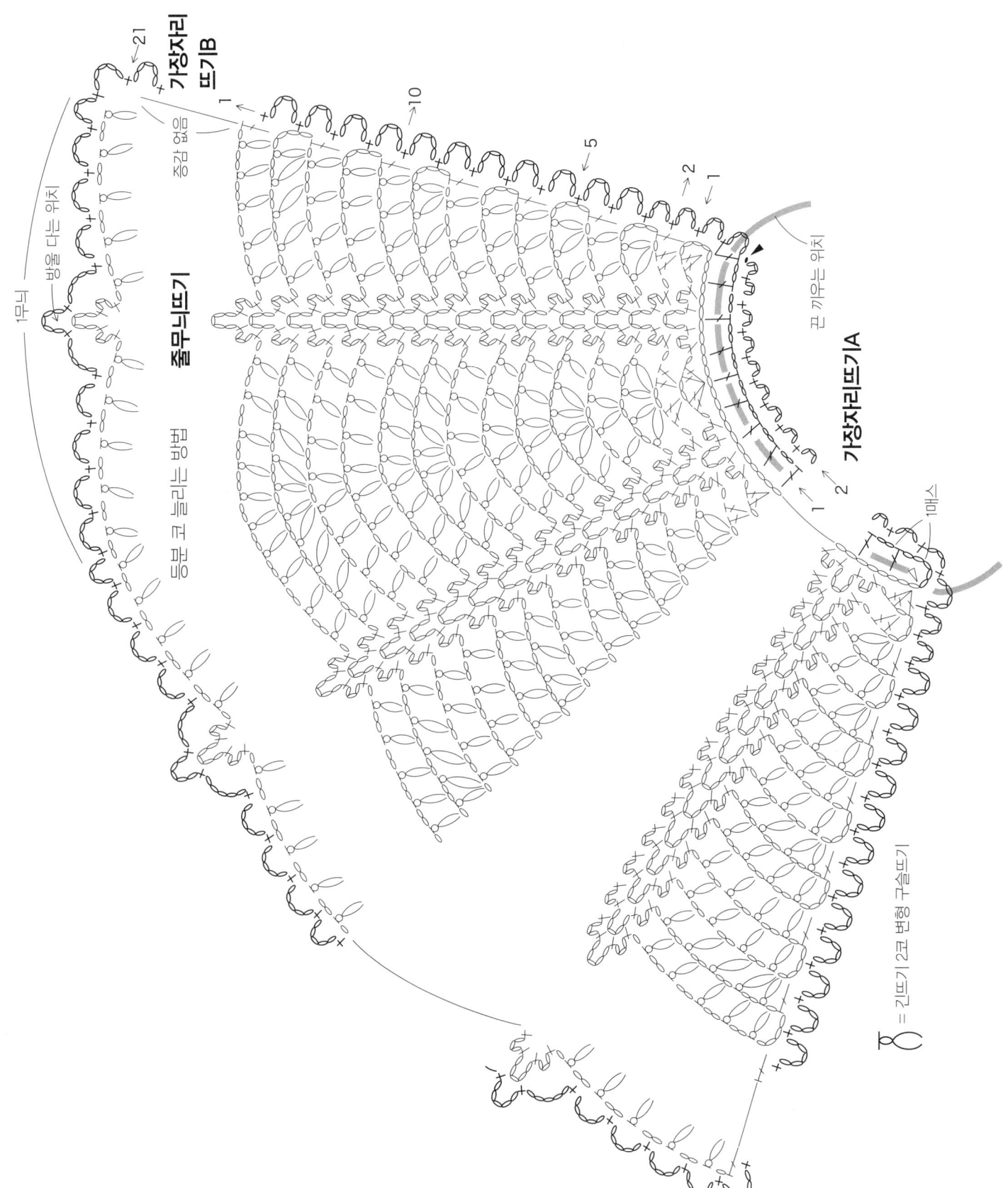

PHOTO p.31

케이프

18~24개월

| 준비물 | **실** 하마나카 루프(병태사) 핑크(4) 100g/3볼
바늘 대바늘 4mm · 4.5mm · 5mm, 코바늘 6/0호 |

| 완성 치수 | 밑단 둘레 134cm, 기장 27cm |

| 게이지 | 가로세로 10cm 안메리야스뜨기 17코×24단 |

| 뜨는 방법 포인트 | 밑단 둘레부터 5mm 바늘을 이용해 일반코잡기로 코를 잡고 3단을 뜬 후 4.5mm 바늘로 바꿔서 무늬뜨기를 뜹니다. 안메리야스뜨기는 4mm 바늘로 바꿔서 그림과 같이 각 단에서 분산 코줄임을 해 61단까지 뜹니다. 마무리로 덮어씌우기 코막음을 합니다. 앞단은 짧은뜨기 1단으로 마무리를 합니다. 목둘레는 가장자리뜨기를 2단 뜨고, 끈을 가장자리뜨기 1단에서 번갈아 끼웁니다. |

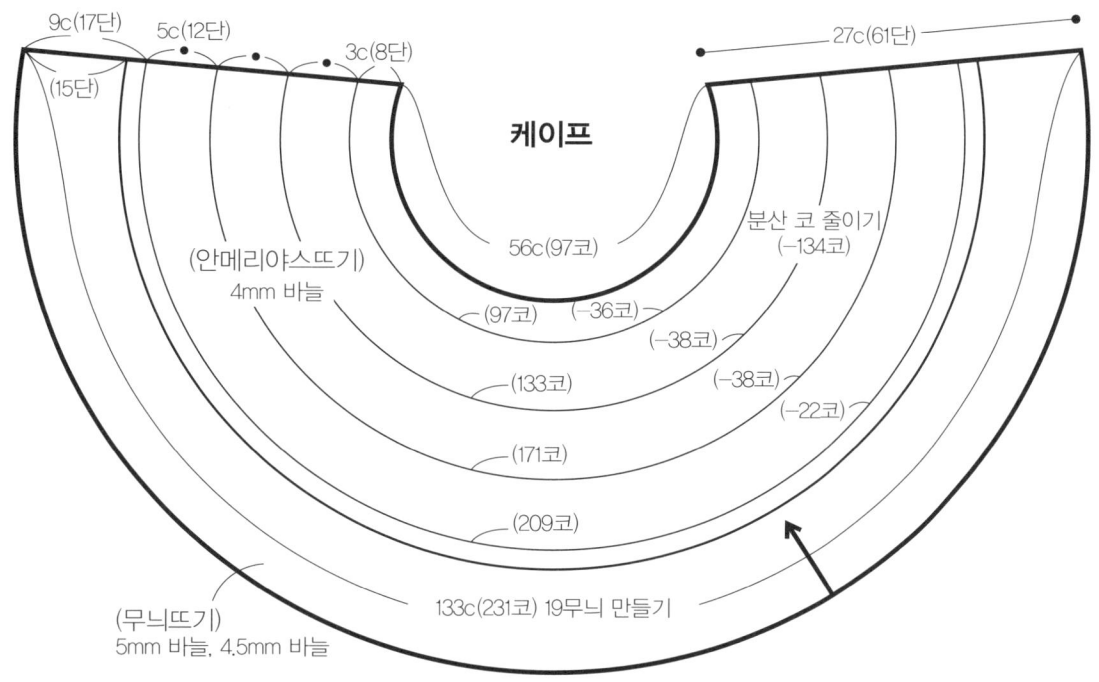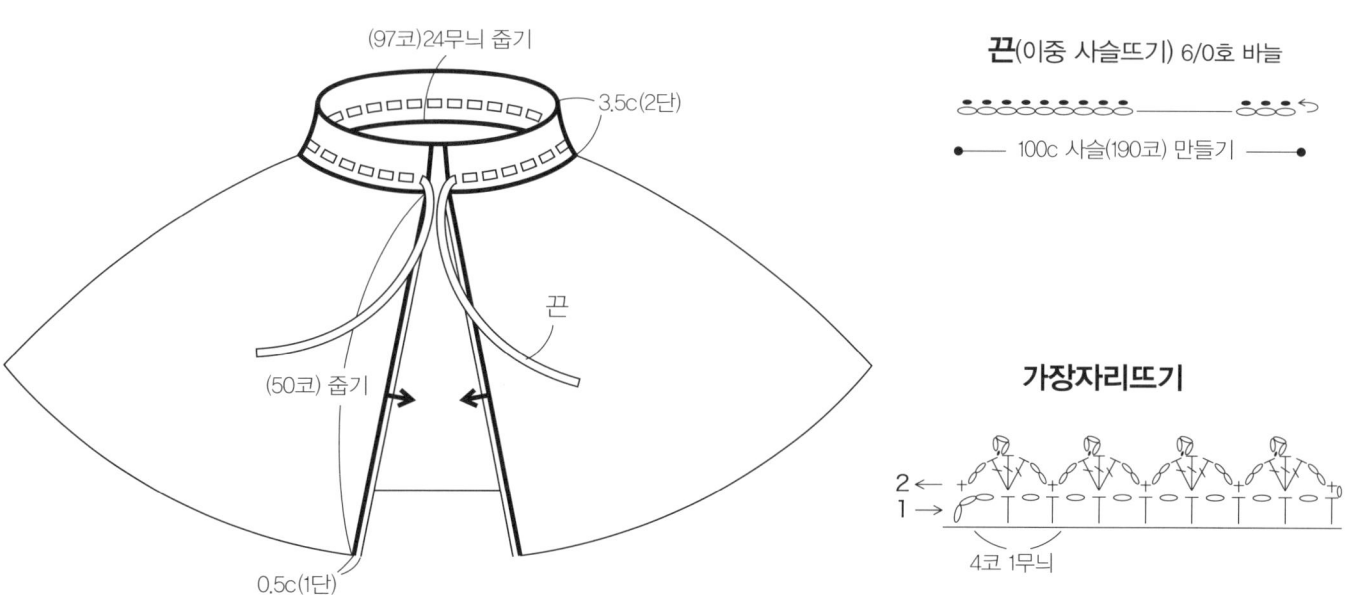

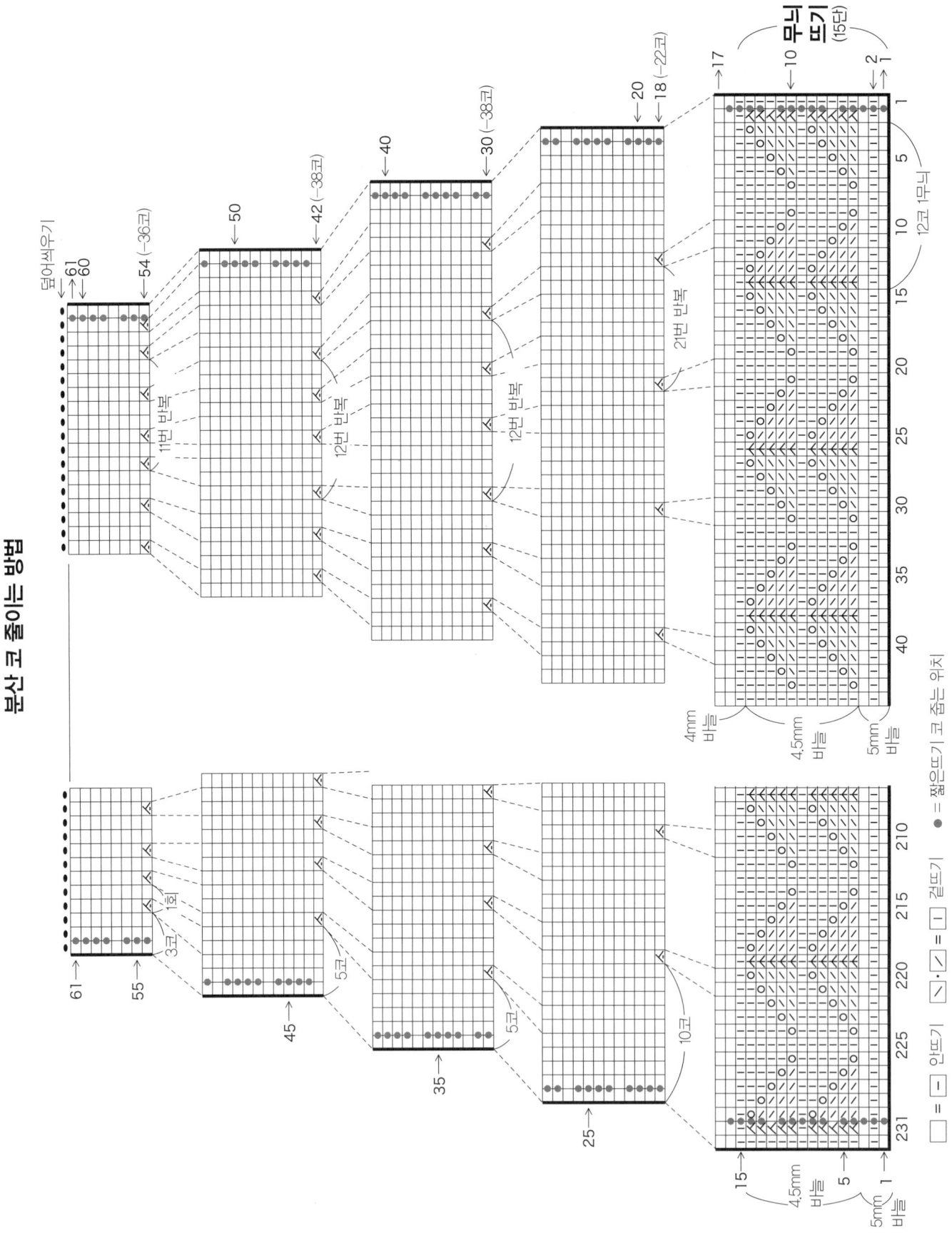

긴뜨기

① 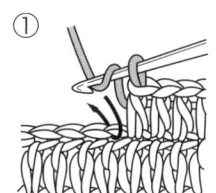 ② 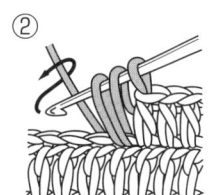 ③ 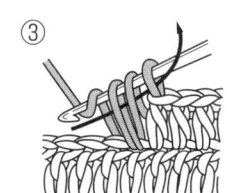 ④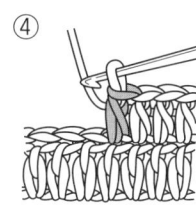

1길긴뜨기

① 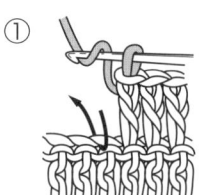 ② 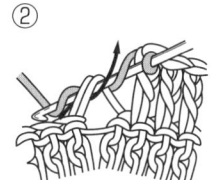 ③ 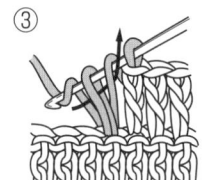 ④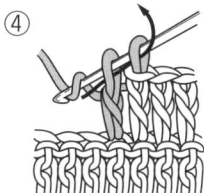

중심3코 모아뜨기

①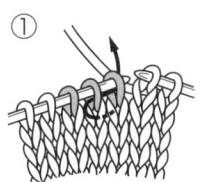

뜨지 않고 2코를 오른쪽 바늘로 옮기기

②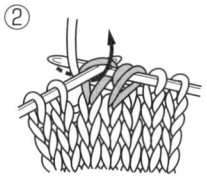

3번째 코 뜨기

③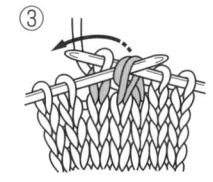

2코를 덮어씌우기

④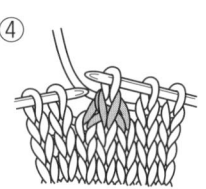

바늘비우기

① 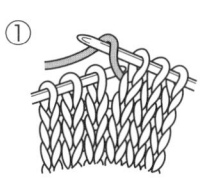 ② 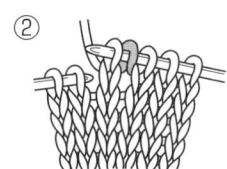 ③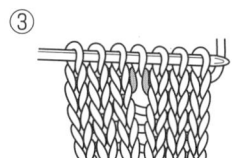

안뜨기 왼코 겹치기

① 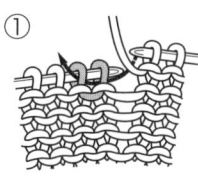 ② 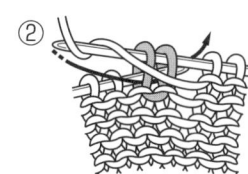 ③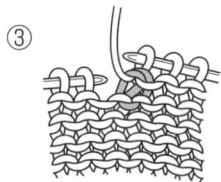

26 27
18~24개월

PHOTO p.32

재킷

준비물	**실** 하마나카 개구쟁이 데니스(병태사) 26 적갈색(15), 27 베이지(31) 각 190g/각 4볼 **바늘** 대바늘 4mm, 코바늘 5/0호 **부자재** 지름 18mm 단추 5개
완성 치수	가슴둘레 63.5cm, 기장 32cm, 소매길이 35cm
게이지	가로세로 10cm 메리야스뜨기 19코×26단
뜨는 방법 포인트	**뒤 몸판** 밑단부터 일반코잡기로 코를 잡아서 겉뜨기1코·안뜨기2코 고무뜨기로 20단 뜨고, 이어서 메리야스뜨기를 합니다. 래글런 선은 2번째 코를 코줄임해서 뜨고 남은 코는 덮어씌우기 코막음을 합니다. **앞 몸판** 뒤 몸판과 같은 방법으로 코를 잡고, 그림과 같이 좌우 대칭으로 2장 뜹니다. **소매** 가운데 무늬뜨기를 넣고, 래글런 선은 몸판과 같은 방법으로 2번째 코를 코줄임해서 뜨고 남은 코는 덮어씌우기로 코막음을 합니다. **마무리** 래글런 선·옆선·소매옆선은 떠서 꿰매기를 하고, 칼라의 1단은 몸판의 겉면에서 주워서 1코 고무뜨기로 뜹니다. 마무리는 겉뜨기는 겉뜨기로, 안뜨기는 안뜨기로 떠서 덮어씌우기로 코막음을 합니다. 주머니는 그림과 같이 뜨고 지정된 위치에 답니다.

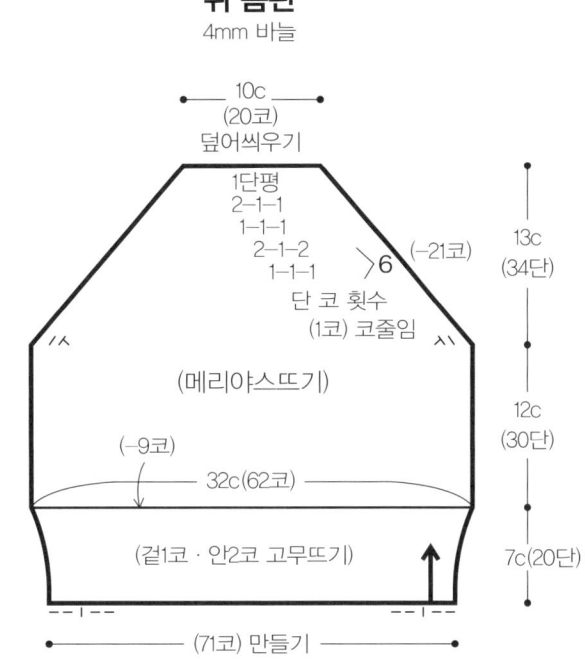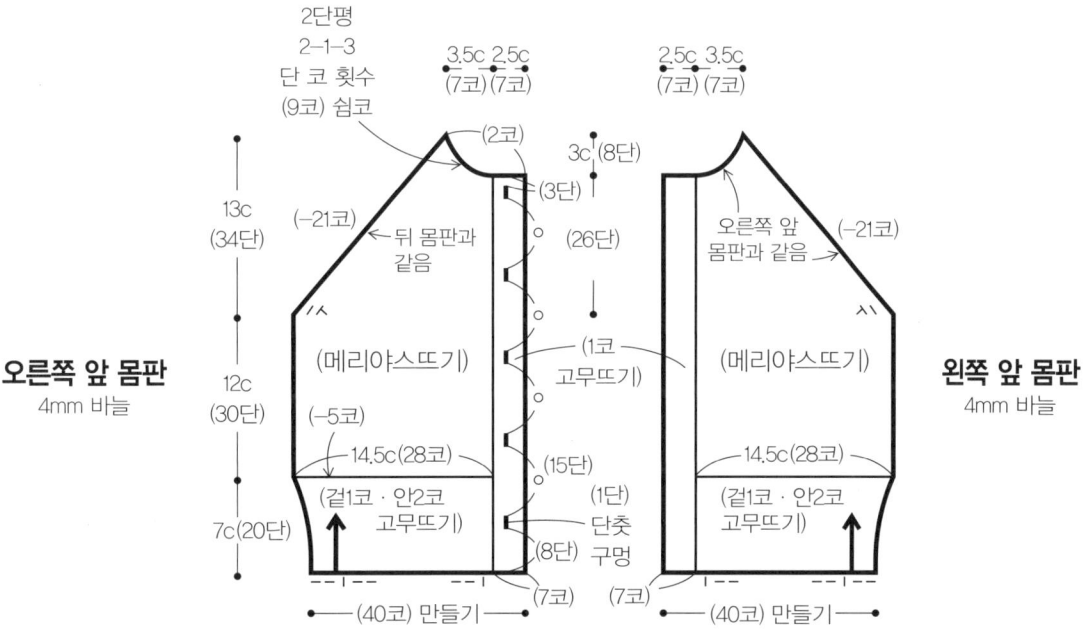

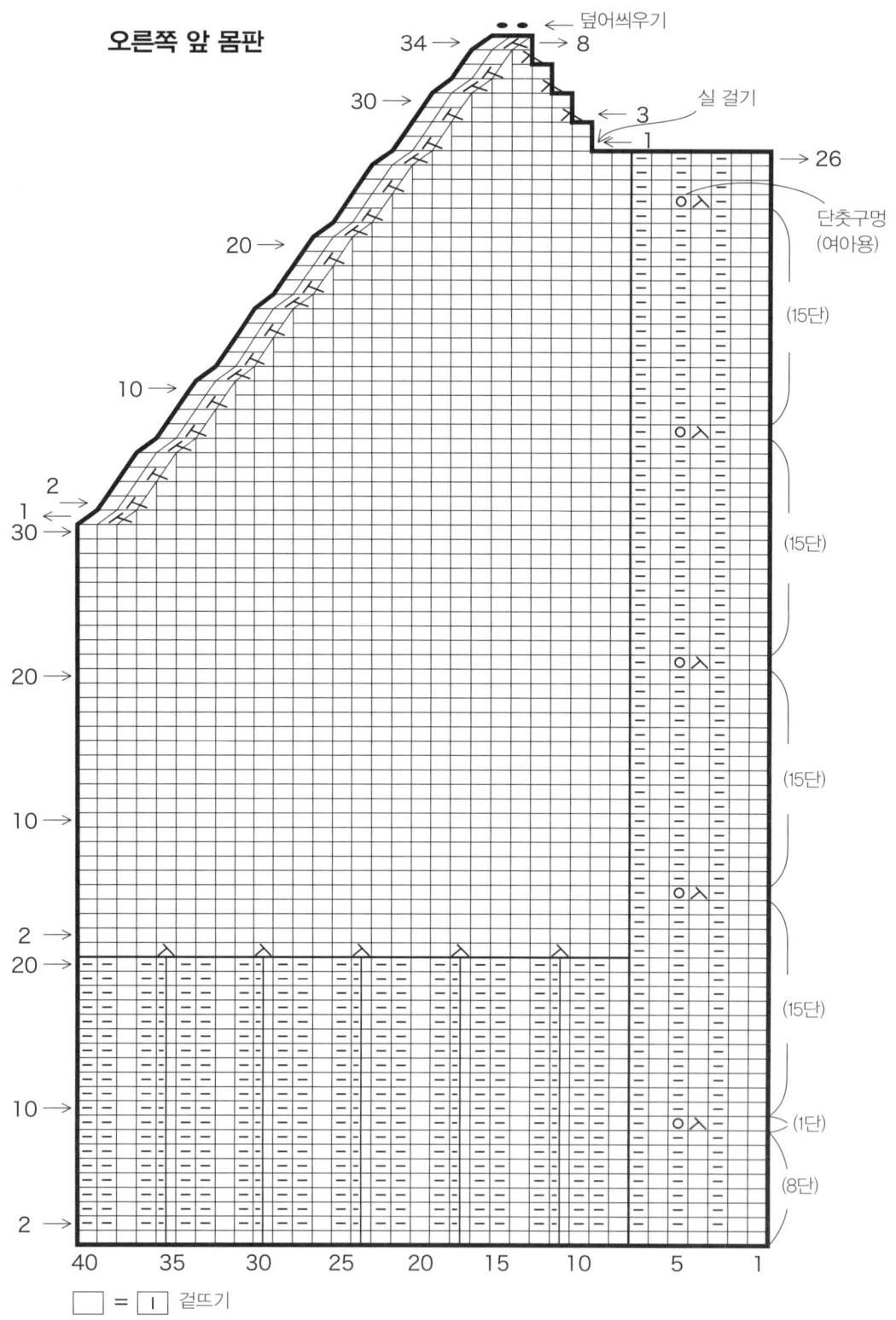

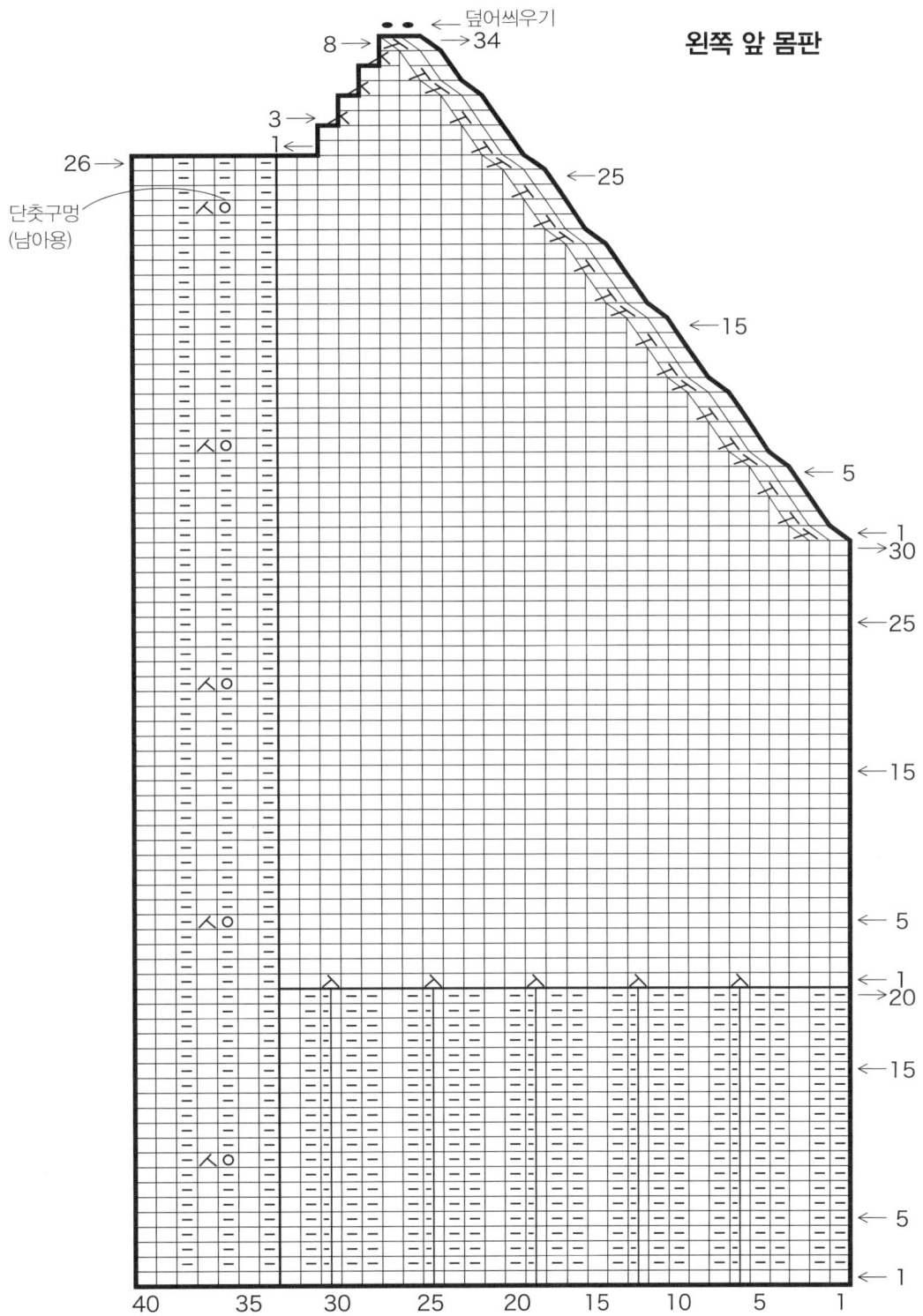

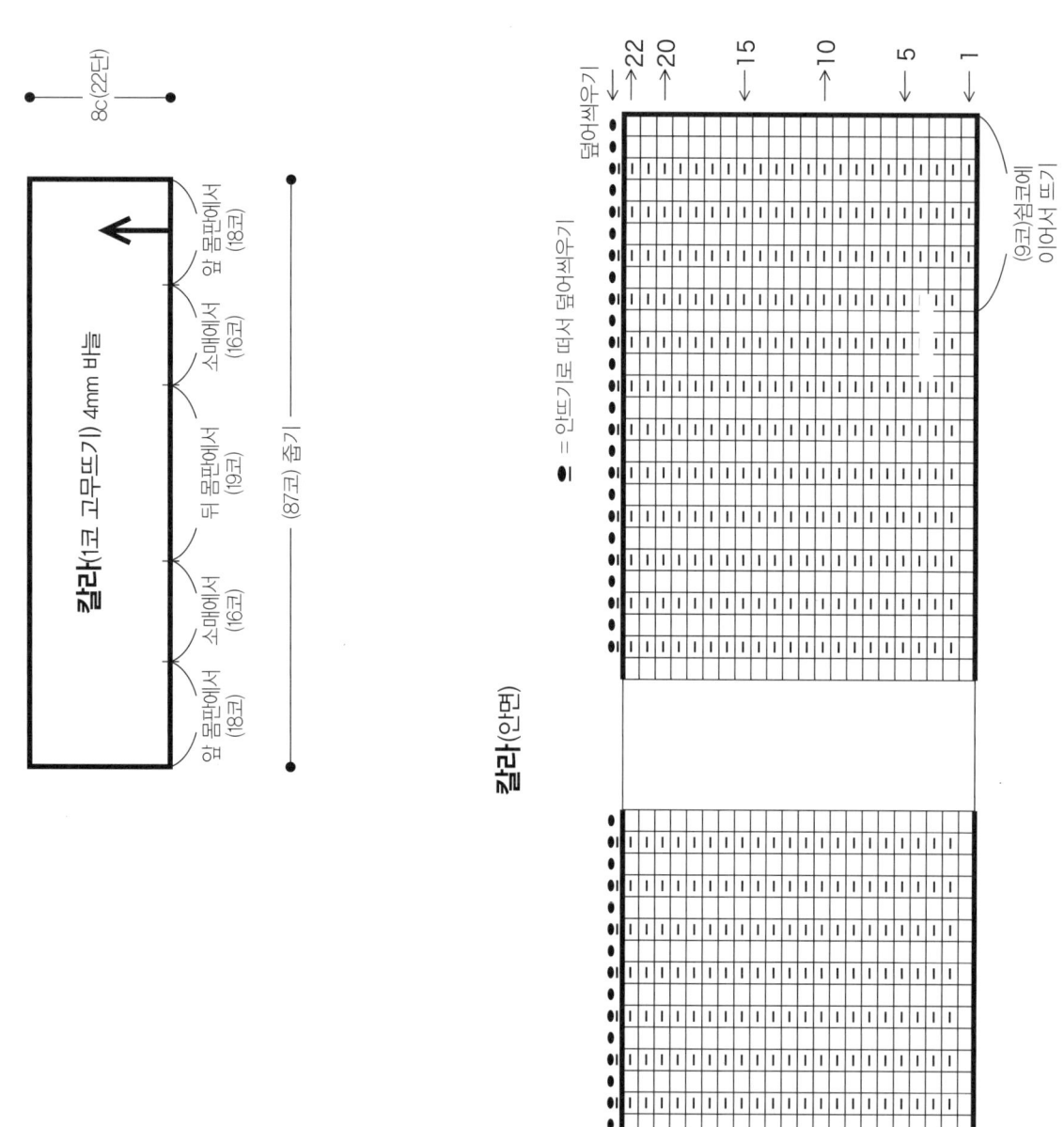

소매
4mm 바늘

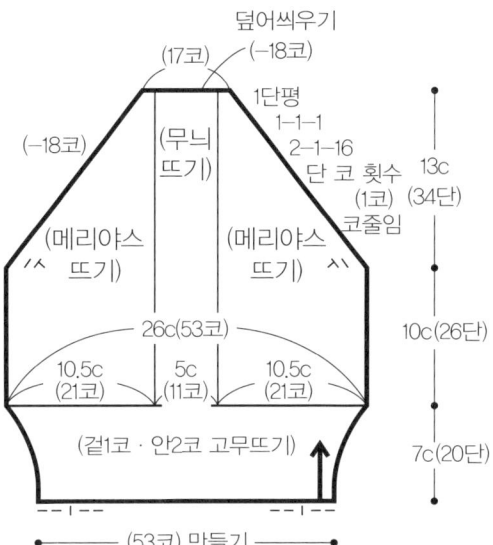

무늬뜨기

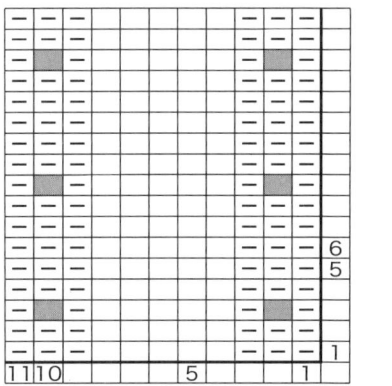

□ = | 겉뜨기

■ = 5호 바늘

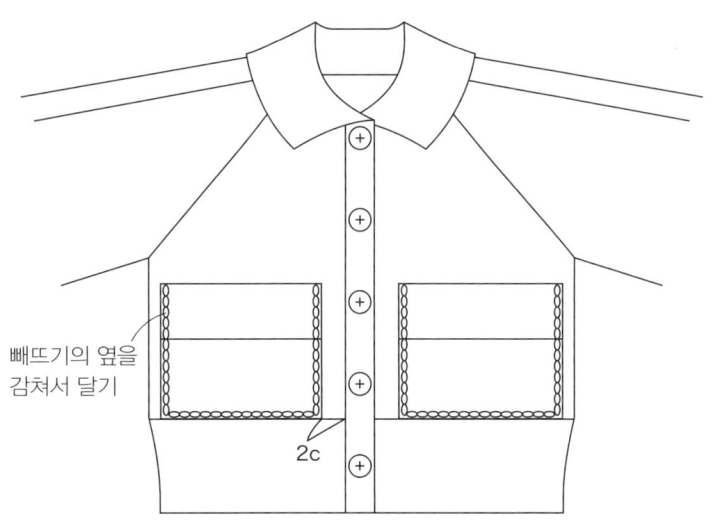

빼뜨기의 옆을
감쳐서 달기

2c

주머니 4mm 바늘

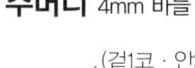

(겉1코·안2코 고무뜨기)

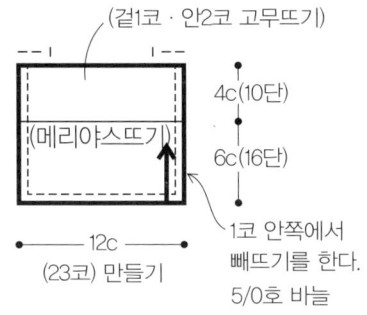

4c(10단)

6c(16단)

1코 안쪽에서
빼뜨기를 한다.
5/0호 바늘

12c
(23코) 만들기

주머니 2장

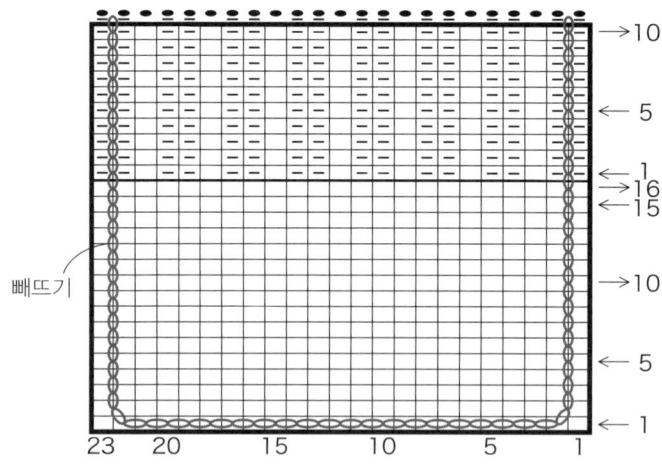

빼뜨기

☐ = │ 겉뜨기

우리 아기를 위한
심플한 손뜨개 옷

Kawaii Baby Knit 0~24 Kagetsu (NV80055)
Copyright © NIHON VOGUE-SHA 2009
all rights reserved.
Photographer : Tsuneo Yamashida, Shuniji Nakamura
Frist published in Japan in 2009 by Nihon Vogue Co., Ltd.
Korean translation rights arranged with Nihon Vogue Co., Ltd.
through Shinwon Agency Co.
Korean translation rights © 2015 by Goldenowl Publishing Co., Ltd.

이 책의 한국어판 저작권은 신원에이전시를 통한 저작권자와의 독점 계약으로 황금부엉이가 소유합니다.
신 저작권법에 의하여 한국 내에서 보호를 받는 저작물이므로 무단전재와 무단복제를 금합니다.

Baby Model
3개월 가와사키 아이카
5개월 이와사와 슈조
7개월 가야마 하루토
12개월 구시마 진
15개월 후타무라 유즈히
18개월 고바야시 리네
20개월 고지타니 마오
24개월 가와카미 사라
24개월 엔도 류

STAFF
촬영 | 야마시타 츠네오, 나카무라 슌지(P.34)
스타일링 | 에우치 토모미
북디자인 | 마에카와 미도리
트레이스 | 마츠모토 유미코
편집 협력 | 오오누키 유키코
편집 | 무라카미 마사코

촬영협조
주식회사 밀리 컴퍼니 리미티드

우리 아기를 위한
심플한 손뜨개 옷
2022년 10월 26일 개정판 1쇄 인쇄
2022년 11월 2일 개정판 1쇄 발행

지은이 | 일본보그사
옮긴이 | 이은옥
펴낸이 | 이종춘
펴낸곳 | ㈜첨단

주소 | 서울시 마포구 양화로 127 (서교동) 첨단빌딩 3층
전화 | 02-338-9151
팩스 | 02-338-9155
인터넷 홈페이지 | www.goldenowl.co.kr
출판등록 | 2000년 2월 15일 제 2000-000035호

본부장 | 홍종훈
편집 | 조연곤, 김윤지
교정교열 | 주경숙
본문 디자인 | 남은순
전략마케팅 | 구본철, 차정욱, 오영일, 나진호, 강호묵
제작 | 김유석
경영지원 | 윤정희, 이금선, 최미숙

ISBN 978-89-6030-605-9 13630

BM 황금부엉이는 ㈜첨단의 단행본 출판 브랜드입니다.

* 값은 뒤표지에 있습니다.
* 잘못된 책은 구입하신 서점에서 바꾸어 드립니다.

* 실 타입은 2015년 11월 기준입니다.
* 이 책에 사용된 실은 예고 없이 생산이 중단되거나 사양이 변경될 수 있습니다.

황금부엉이에서 출간하고 싶은 원고가 있으신가요? 생각해보신 책의 제목(가제), 내용에 대한 소개, 간단한 자기소개, 연락처를 book@goldenowl.co.kr 메일로 보내주세요. 집필하신 원고가 있다면 원고의 일부 또는 전체를 함께 보내주시면 더욱 좋습니다. 책의 집필이 아닌 기획안을 제안해 주셔도 좋습니다. 보내주신 분이 저 자신이라는 마음으로 정성을 다해 검토하겠습니다.